Thomas Veszelits, Jahrgang 1947, absolvierte ein Studium am Konservatorium in Prag, dann die Hochschule für Film und Fernsehen in München. Er ist als freier Journalist tätig. Vom Klassik-Kritiker bei Bayreuther und Salzburger Festspielen wechselte er zum Rock-Experten über. Autor von Fan-Büchern über „The Who" und „Pink Floyd". Später Reisen durch Indonesien und Bali, Expedition zum Flüchtlingslager der Meos in Thailand, Reportage „Auf den Spuren von Gandhi in Indien". Mit Boney M. in der Karibik, als Fotograf mit der Ambros Seelos Band unterwegs in Singapur und Dubai, mit der Saragossa Band in der Südsee. Seit 1984 ist er dem Samba-Fieber verfallen.

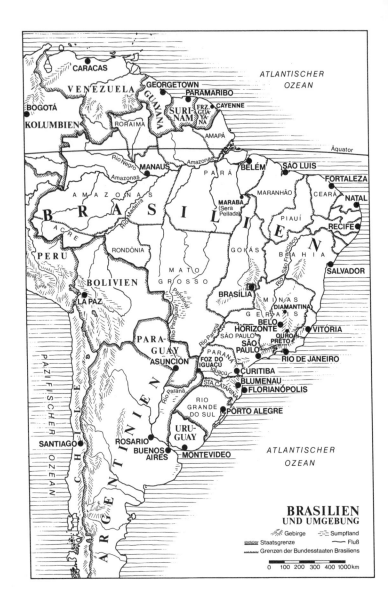

Thomas Veszelits

Brasilien, Land der Gegensätze

Riesenstädte – Urwald – Karneval

Frederking & Thaler

CIP-Titelaufnahme der Deutschen Bibliothek
Veszelits, Thomas:
Brasilien, Land der Gegensätze : Riesenstädte, Urwald, Karneval / Thomas Veszelits. – München : Frederking u. Thaler, 1989
  [Reisen, Menschen, Abenteuer]
  Früher u. d. T.: Veszelits, Thomas: Brasilien
  ISBN 3-89405-035-7

REISEN · MENSCHEN · ABENTEUER
herausgegeben von Susanne Härtel

© 1989 Frederking & Thaler GmbH, München
Alle Rechte vorbehalten
1986 erschienen unter dem Titel „Brasilien"
Umschlagfoto/Fotos: Thomas Veszelits, München
Produktion: Tillmann Roeder
Karten: Gert Köhler
Gesamtherstellung: Presse-Druck Augsburg
ISBN: 3-89405-035-7

Inhalt

Vorwort	7
Copacabana	8
Über den Dächern von Rio	12
Der Alltag der Cariocas	19
Der Überfall	26
Die Favelas	28
Nette Nachbarn	33
Escola de Samba – Sambaschule	38
Karneval in Rio	41
Im Rausch der Sinne	47
Silvester – Macumba und Champagner	53
Macumba am Amazonas	69
Manaus, die Stadt der Gummibarone	72
In der Amazonas Lodge	85
Kaimane, wie feinste italienische Schuhe	90
Das Theatro Amazonas	97
Telefonitis – eine brasilianische Volkskrankheit	100
Der Schatz des nackten Berges	103
Das Leben der Garimpeiros	113
Hans Stern, der Edelsteinkönig	125
Das Horoskop der Edelsteine	130
Ouro Preto, eine brasilianische Barockstadt	137
Am Goldfluß	147
2500 Kilometer mit einem verrückten Auto	154
Oktoberfest und Balalaika	167
Die mächtigsten Wasserfälle der Welt	173
Fogo a pago – das Feuer ist gelöscht	177
Salvador, die ehemalige Hauptstadt	186
Dona Flora, die Voodoo-Priesterin	196
Die Kampfspielschule des Meister Bimba	204
Reisetips	207

Vorwort

Meine erste Begegnung mit Brasilien war Routine. Eine Reportage über den Karneval in Rio sollte ich bringen, ein paar Fotos von Mädchen, vielleicht noch einen Reisebericht. Doch aus dem üblichen Journalistenjob wurde eine Liebe zum Land, zu den Leuten und ihrer Lebensart. Schon nach zwei Wochen spürte ich es deutlich: Der Brasilien-Virus hatte mich erwischt. Und zwar gründlich. Innerhalb eines Jahres kehrte ich fünfmal zurück, lebte ein halbes Jahr in Rio, reiste 40 000 Kilometer landauf, landab. Im Auto, mit dem Bus und den unmöglichsten Klapperkisten. Ich nahm ein Boot am Amazonas und erwischte gerade noch bei Nacht das Flugzeug in Bahia. Ich kreiste mit dem Drachen über Rio und fotografierte aus dem Hubschrauber die mächtigsten Wasserfälle der Welt: Foz do Iguaçu. Ich befand mich in einem ständigen Rausch der Sinne und stellte anschließend fest, daß dieses Brasilien die Menschen verändert. Es ist nicht das übliche Touristenland, wo man im Hotel-Getto bleibt und die Einheimischen allenfalls als Bedienstete registriert. Brasilien ist wie ein Schwamm, es saugt einen auf. Es gibt dann nur zwei Möglichkeiten: Entweder man ergreift die Flucht – oder man bleibt. Ich blieb und beschloß, ein Buch zu schreiben. Als Gebrauchsanweisung für Brasilien gewissermaßen, damit man leichter ein Brasilianer wird. Oder noch besser ein Carioca, einer jener lebensfrohen Einwohner von Rio. Und selbst auch nur ein halber Carioca zu sein, ist schon ein ganzes Abenteuer.

Copacabana

Das Zimmer 3618 im Hotel *Meridian* hat einen Superausblick. Ich habe mich aufs Bett hingelümmelt und versuche mich zu orientieren. In Rückenlage schaue ich aus dem Fenster und bekomme langsam das Gefühl zu schweben. Jawohl, ich schwebe wie ein Albatros, und unter mir, das ist die Copacabana. Ein sechs Kilometer langer Strand, der sich gen Norden zu einer grünen, hügeligen Halbinsel verengt. Dieser Teil der Copacabana heißt Leme, auf deutsch Steuerruder. Das Gegenstück hinter dem Hügel mit dem berühmten Zuckerhut an der Spitze heißt Urca, der Bug, weil das ganze Landschaftsgebilde von weitem einem riesigen Schiff ähnelt.

Steile Gassen im malerischen Städtchen Olinda – auf deutsch: O wie schön

Auf so einfache Weise tauften die Portugiesen den neuentdeckten Kontinent. An einer Stelle, die sie besonders schön fanden, riefen sie voller Entzückung: „*O que linda*" – o wie schön. Und die dort gegründete Stadt hieß dann auch Olinda.

Bei den verschiedenen Taufen freilich unterlief den portugiesischen Naivgemütern hin und wieder ein Irrtum. Bahia zum Beispiel hielten sie für eine Insel, also stellten sie ein Kreuz auf und verkündeten: Ilha de Vera Cruz, Insel des heiligen Kreuzes.

Auch mit Rio ist ihnen ein gewaltiger Schnitzer passiert. Sie liefen in eine Meeresbucht ein und glaubten, dies sei eine Flußmündung. Weil es noch dazu im Januar war, fiel ihnen nichts Besseres ein als Rio de Janeiro – Fluß des Januars. Eigentlich ein schöner Name.

Aber genug der Geschichte. Das ist in Rio reine Zeitverschwendung. Hier muß man das tun, was alle machen: zum Strand eilen. Und zwar nur in Badehose und Schlappen, allenfalls noch mit Zeitung und Klappstuhl unterm Arm und einem Plastikeimer, dessen Nützlichkeit ich später noch erkläre.

Ich gehe also raus aus dem Hotel und überquere die Avenida Atlantica. Das ist der Strandboulevard, sechsspurig, die Promenade mit ulkigem Pflaster, schwarzweiß wie ein Zebra gemustert, von Kokospalmen umsäumt und gewaltigen Atlantikwellen umspült. Die berühmte Avenida Copacabana liegt erst in zweiter Reihe, hinter die Hochhäuser und Hotels eingequetscht, stinkend verstopft mit Autos, Bussen und noch mehr Bussen.

Der Strand ist erhitzt wie eine Herdplatte. Weggeworfene Blechdosen, Pappbecher und Plastiksäcke liegen herum, aber auf der Copacabana übersieht man den Unrat leicht. Dafür sorgen die *garotas*, die Mädchen. Die Copacabana hat zweifellos die größte Dichte an Mädchen pro Quadratmeter. Manchmal wird's sogar so eng, daß man keinen Liegeplatz mehr findet. Also schlendern die Cariocas am Ufer entlang, bleiben stehen, bilden Gruppen, trinken, diskutieren, flirten. Der Strand ist kein Bräunungsgrill, sondern ein Ort der Kommunikation.

Die Mädchen um mich hüpfen wie Osterhasen, springen ins Wasser, ölen sich ein, was nicht ohne Koketterie abläuft. Breitbeinig dastehend, streicheln sie lasziv ihren Körper, fahren mit der Hand ihren Popo rauf und runter . . .

„Nein, das hältst du im Kopf nicht aus", höre ich neben mir eine Bemerkung fallen. Touristen aus Deutschland. Aber sie verlieren sich in dieser bunten Masse.

Nicht nur Touristen glotzen sich hier die Augen raus. Auch die Cariocas tun's. Die Mädchen scheinen daran Spaß zu finden. Wie sie ihre erhitzten Körper abkühlen, ist allemal eine tolle Show. Sie stülpen ihre Kübelchen mit Meerwasser über sich (das ist der Plastikeimer, den sie mitschleppen). Die Dusche bildet frivole Bächlein an ihrem Busen, perlt an den Rundungen ab, fließt die endlos langen Beine herab.

„*Mate, limonada!*" lärmen die farbigen Strandverkäufer. Mate,

Copacabana. Ein Strandverkäufer mit Tanks voll Matetee und Limonade

man sagt matche, ist ein Gauchotrank, schmeckt wie eine Mischung aus Tee und Tabak und wird mit süßer Limonade gemischt. Die Getränkeverkäufer füllen sie aus ihren beiden geschulterten Tanks in Pappbecher ab. Ich probiere und stelle fest: eine exzellente Erfrischung und billig. Sie kostet nur etwa 50 Pfennig.

Die Karawane der Strandverkäufer schleppt Eis herbei, gegrillte Scampis, Popcorn, Kekse. Von den Strandkiosken unter bunten Zeltplanen schwirren Jungs hinaus, klopfen mit dem Metallöffner an die Flaschen und rufen: „Cerveja, Aqua, Batida de Coco, Caipirinha" – also Bier und Mineralwasser. Batida ist ein Cocktail aus *cachaca*, dem Zuckerrohrschnaps, Zucker, Eis und Fruchtsäften wie Zitrone, Orange und Kokosnuß. *Caipirinha* aber ist der populärste Aperitif Brasiliens, aus Zuckerrohrschnaps oder Wodka, pulverisiertem Rohrzucker und ausgequetschten Limonen.

Allein schon diese Drinks auszuprobieren und das Treiben dazu, ist ein nachmittagfüllendes Programm. Aber meist bleibt es nicht nur beim passiven Zuschauen. Aus dem Trubel flattert mir auf einmal ein Schmetterling zu, ein *borboleta*, ein etwas schwergewichtiger, in Form einer Mulatta. Sie stellt sich vor: „Ich heiße Zéze", und gesellt sich mir mit einer Selbstverständlichkeit zu, wie es eben Schmetterlinge tun.

Im Nu erzählt sie mir alles über sich. Ihr Vater ist ein weißer Portugiese, die Mutter eine Mulatta aus Bahia, eine häufige Elternkombination. Zéze stammt aus einer Kleinstadt, doch Rio hat sie mit der Hoffnung auf Geld angelockt. Was sie aber hier jetzt macht, kann sie mir nicht genau erklären. Jedenfalls ist sie sehr nett.

So fangen am Strand auch die meisten, nicht nur Urlaubsbekanntschaften, an. Man sieht sich, findet sich sympathisch und bleibt.

Nach zwei Tagen macht mir Zéze einen Vorschlag: „Warum

nimmst du nicht ein Apartment? Es kostet für eine Woche soviel wie das Hotel für eine Nacht."

Nicht nur das. In Rio lohnt es sich, die Luft der Stadt ständig zu inhalieren, dieses aufregende Parfüm aus Meeresbrise und Abgasen, Blumenduft und Küchendampf. Also nichts wie raus aus dieser Käseglocke in einem vollklimatisierten Hotelkasten.

Über den Dächern von Rio

Zézes Idee, ein Apartment zu mieten, ist von ihr nicht ganz uneigennützig. Sie erklärte mir auch, warum sie mir diesen Sparvorschlag macht. *Economico* lautet das zutreffende Wort, das ich noch häufig genug zu hören bekommen werde.

Zéze träumt nämlich davon, eine *vendedora* zu werden, eine Marktfrau, die von Schnürsenkeln bis Eier alles verkauft, auf die Märkte fährt und dazu einen Kombiwagen benötigt. Da rechnet sich Zéze aus: „Wenn du Hotelkosten sparst, könntest du mir etwas Geld schenken."

Abgemacht. Wir gehen zu einer *imobiliaria*, einer Agentur für Wohnungen, die in einem Hochhaus an der Avenida Princesa Isabel, siebenter Stock, liegt. Das Büro ist spärlich möbliert, an zwei leeren Schreibtischen blättern zwei dickliche Mulattas in der Zeitung. Von Ordnern und sonstigen Karteien keine Spur, nicht einmal ein Telefonverzeichnis, aber Zéze ist sicher: „Hier gibt's die günstigsten Angebote vom ganzen Stadtteil Copacabana." Sie muß es ja wissen.

Ich hätte zu einer der renommierten Agenturen gehen können, die annoncieren: „Man spricht Deutsch" oder „unter Schweizer Leitung". Aber da kommt man nicht wesentlich günstiger weg als in einem Hotel. Die Monatsmieten für Apartments mit Buchtaussicht kosten um die 3000 bis 4000 Mark. Zéze versichert, daß wir aber eine schöne *cobertura*, eine Dachterrassenwohnung, für 800 bis 1000 Mark finden werden. Dona Neide (sprich Neidsche), die schwergewichtige Mulatta, kramt in ihrer Schublade und findet zwei Adressen auf einem abgerissenen Zeitungsrand und eine Telefonnummer, die sie gleich anruft. Außerdem gibt sie uns einen Schlüssel und schickt einen farbigen Boy mit.

Auf geht's. Wieder unten auf der Avenida will ich schon ein Taxi heranwinken, aber Zéze stoppt mich: „Wir fahren mit dem Bus. *Economico*", fügt sie noch hinzu, was soviel wie sparsam und billig bedeutet. Offenbar denkt Zéze nur an ihren Kombi. Vielleicht ist heute noch ein Vorderrad verdient.

Also fahren wir Bus, was nur Pfennige kostet. Nach vier Wohnblöcken ruft Dona Neides Boy: „Rua Santa Clara, aussteigen!"

Der Eingang zum Haus ist pompös. Marmor und Glas. An einem goldgestrichenen Barocktisch waltet der *portero* in seiner Loge. Es ist ein Zeichen für ein gutgeführtes Haus, wenn die Tür unten von Personal bewacht wird. Fremde werden per Haustelefon dem Wohnungseigentümer gemeldet. Ohne dieses System würde Rio sicherlich in Flammen aufgehen, oder Abertausende von Obdachlosen würden sich in den Eingängen einnisten.

Wir stehen eine Viertelstunde auf der Straße, bis eine ältere Dame erscheint. Sie ist die Eigentümerin der Wohnung, die sie an Touristen vermietet. Viele Cariocas leben davon. Auch diese Frau ist für die Hauptsaison zu ihrer Schwester gezogen.

„Es ist etwas eng", erzählt sie, „weil auch die Verwandtschaft aus der Provinz gerade in Rio Urlaub macht."

„Wie viele Leute sind denn jetzt dort?" frage ich nebenbei.

„Da ist mein Schwager mit seiner Frau und drei Kindern und die Cousine ihrer Schwester, die mit ihren zwei erwachsenen Kindern zwei Blöcke weiter lebt. Zusammen sind wir nun neun Personen."

„Wie bitte? Und die Wohnung, wie groß ist die?"

„Zwei Zimmer und die *empregada*, die Dienstbotenkammer."

Denn eine Köchin mit den zusätzlichen Pflichten einer Putzfrau leistet man sich allemal. Sie kostet kaum mehr als achtzig Mark im Monat und wohnt meistens mit bei der Familie.

So leben also die Cariocas, jene lebensfrohen sechs Millionen Einwohner von Rio. Sie sind wahre Weltmeister in Raumausnützung. Während der Hochsaison rücken sie noch etwas enger zusammen. Ziehen zu zweit, viert, gar zu sechst in ihre Schlafzimmer, kleine Kinder schlafen selbstverständlich im Arm der Eltern, und wenn man noch mehr Platz braucht, legt man einfach Matratzen auf den Boden und befestigt Hängematten auf dem Balkon.

Die Copacabana ist eines der am dichtesten besiedelten Pflaster der Welt und schlägt sogar Hongkong: Auf dem ungefähr sechs Kilometer langen Streifen den Strand entlang, der an seiner breitesten Stelle vielleicht vierhundert Meter mißt, leben knapp zwei Millionen Menschen, davon gut 200 000 Touristen, für die nach derzeitiger Statistik in Rio 20 000 Hotelbetten fehlen. Fast bekomme ich angesichts derlei Zahlen ein schlechtes Gewissen, ein Apartment von gut dreißig Quadratmetern nur für mich selbst beanspruchen zu wollen.

Während des Wartens registriere ich eine weitere Eigenart der Häuser in Rio. Nur einer der beiden Aufzüge verkehrt, der andere „ruht". Eine Vorsichtsmaßnahme, denn sollte durch eine Panne ein Lift ausfallen, ist der andere noch funktionsfähig. Das Chaos will eben organisiert sein, besonders bei zehn bis zwölf Stockwerken, die die Häuser durchschnittlich haben.

Wir fahren in die neunte Etage. Ein langer Gang führt zweimal um die Ecke zu einer weißlackierten Tür. Dona Heriberta, die Vermieterin, begleitet uns und schließt auf. Es ist dunkel, und erst langsam gewinne ich die Orientierung. Ein langer Schlauch dient als Vor- und Hauptzimmer, mit Rattanmöbeln einfach eingerichtet.

Dona Heriberta macht das Fenster auf. „Wunderbar, Sie haben

Corcovado, der Bucklige Berg, mit Cristo Rendendor, dem Schutzpatron von Rio

direkten Ausblick zum Corcovado!"

Der Corcovado ist das Wahrzeichen von Rio. Mit 709 Metern ist er fast doppelt so hoch wie der Zuckerhut, und auf diesem „Buckligen Berg" steht die Statue des Cristo Redendor, dem Erlöser. Dreißig Meter hoch, spreizt er seine Arme segnend über die Stadt und das schon seit 1931, nachdem er von dem Franzosen Paul Landowski entworfen worden war.

Doch ich sehe jetzt keinen Corcovado. Nur eine graue, mit schwarzen Regenspuren verzierte Betonwand, eine ausgestreckte Handlänge dem Fenster gegenüber.

„Sie müssen sich aus dem Fenster hinauslehnen", erklärt Dona Heriberta.

Ach so, mit etwas Akrobatik – schwindelfrei sollte man in Rio schon sein –, den Kopf nach oben verrenkt, weil ich kein Periskop zur Hand habe, ist er irgendwo ganz oben, klitzeklein auszumachen, der Christus.

Dona Heriberta scheint meine Enttäuschung zu merken. Sie schaltet den Fernseher ein. „Farbe", preist sie ihr Gerät an. „Sie können den ganzen Tag fernsehen."

„Nein, danke." Deshalb bin ich wahrhaftig nicht nach Rio gekommen. Aber so abwegig ist Dona Heribertas Angebot doch nicht. Meine Freundin Zéze und der schwarze Boy schauen bereits gebannt in die Röhre.

„Gehen wir?"

„Gleich!"

Es dauert noch eine Weile, bis ich die beiden vom Bildschirm weglocken kann. „Wollen Sie was zu trinken haben?" fragt Dona Heriberta. Sie ist nicht böse.

„Nein, danke. Das Apartment gefällt mir nicht."

„Macht nichts", beruhigt sie mich. „Wollen Sie trotzdem noch ein bißchen fernsehen?"

„Nein, ich würde lieber gehen, wenn Zéze und unser Boy nichts dagegen haben. Los, wir fahren weiter."

Diesmal nehmen wir die *jardineira*, einen Luxusbus mit offenen Fenstern bis zum Boden und lustigen Holzbänken. Ein Luftikus, für Rio wie geschaffen, wenn auch etwas teurer als der normale Linienbus. Diese *jardineiras* pendeln an den gesamten Rio-Stränden entlang. Gut zwanzig Kilometer von Endstation zu Endstation, von Leme bis Barra de Tijuca.

Wir fahren schon eine ganze Weile an den Luxushotels der Avenida Atlantica vorbei, als ich den Boy, unseren Begleiter, frage, wo denn die zweite Adresse sei. Mit der unschuldigsten Miene schaut er mich an. „Da sind wir schon längst vorbeigefahren, Senhor", meint er.

„Ja, und warum sind wir nicht ausgestiegen?"

„Ich fahre so gern mit der *jardineira*", entschuldigt er sich.

Inzwischen schlängelt sich der Bus durch den Strand von Ipanema, an einer Kurvenstrecke raus zu São Conrado, wo die Ozeanbrecher für Surfer den idealen Schwung bringen. Endstation.

Nach einer Stunde sind wir wieder zurück in Leme, in der Rua Gustavo Sampanio. Die *cobertura* im 12. Stock sagt mir zu. Auch der Preis. 200 Dollar die Woche kostet sie, genausoviel wie anderthalb Tage im Hotel *Meridien,* das uns jetzt Schatten spendet, denn wir wohnen direkt gegenüber. Ade, Air-conditioner, jetzt kann ich die typische Rio-Luft und den üblichen Geräuschpegel auf meiner Terrasse genießen: die aus hundert Kochtöpfen aufsteigenden Knoblauchdämpfe, die lärmenden Kinder und plärrenden Radios, das Fernsehen, das von Sendeanfang bis Sendeschluß permanent läuft.

Die Dachterrasse ist es, die mich begeistert. Ich kann auch zwischen zwei Schlafzimmern wählen, mich in einem geräumigen Wohnzimmer ausbreiten. Das Bad ist blau gekachelt, die Küche rot. Zum weiteren Komfort gehört eine *empregada*, die zur Besenkammer umfunktioniert wurde, eine separate Dusche und eine Toilette auf der zweiten Terrasse, die auf den Hinterhof hinausgeht. Dort spannen sich Wäscheleinen über der elektrischen Waschmaschine. Was will man noch mehr!

Die *cobertura* gehört einem hohen Marineoffizier, der selbst noch ein zweites Dienstquartier bewohnt: in Urca, einem vornehmen Viertel rund um den Zuckerhut. Hier hat sich die frühere Militärregierung ein sturmfestes Nest gesichert und auch sonst die schönsten Plätze von Rio für sich beschlagnahmt. Als strategisch wichtige Punkte. Die grünen Halbinseln an der Copacabana zum Beispiel, die Inselwelt von Ipanema. Auf den Felsausläufern von Praia do Vidigal, stark der Corniche an der südfranzösischen Riviera ähnelnd, stehen ebenfalls Villen der Offiziere. Die Vermietung der Stadtapartments an Touristen bringt dann die Devisen. Und mir fällt ein, was mir ein Journalisten-Kollege erzählte: „Wenn man in Brasilien reich ist, ist man gleich unermeßlich reich. Alles in diesem Land ist extrem. Rund neunzig Prozent des gesamten brasilianischen Vermögens gehört achtundvierzig Leuten."

Ich drücke dem Boy fünftausend Cruzeiros in die Hand, was ungefähr einer Mark entspricht, und lasse Dona Neida ausrichten, daß ich morgen die Miete vorbeibringe. „Tudo bem."

„Si, tudo bem" – alles klar, die gängigste Redewendung in Brasilien. Und für mich beginnt damit ein sehr aufregendes Kapitel, selbst Carioca auf Zeit zu sein.

Ich sitze auf der Terrasse, fühle mich wie zu Hause und rufe: „Zéze, wo bist du denn?" Sicherlich sieht sie schon fern, denke ich, aber dann erscheint sie mit Besen und Eimer in der Hand.

„Ich mache inzwischen ein bißchen sauber", sagt sie beiläufig.

Damit gibt sie mir zu verstehen, daß sie sich bei mir einquartiert, ohne mich erst groß zu fragen. Sie hat dafür auch einen triftigen Grund: „Ich kann so lange mein Bett bei meiner Freundin vermieten."

„An wen denn?" wundere ich mich. „Ihr seid doch schon zu dritt in einem Apartment."

„Na und? Es kommen immer Mädchen aus dem Zentralland in den Ferien nach Rio. Und glaubst du, die haben Geld fürs Hotel? Nein, die suchen nur eine Schlafstelle bei einer Familie. Tagsüber sind sie sowieso am Strand. Ich bin sicher, daß ich mein Bett für ein, zwei Wochen gut vermieten kann."

Allmählich begreife ich, daß Zéze es mit ihrem Kombiwagen ganz ernst meint. Cruzeiro zu Cruzeiro – und die paar Millionen sind bald zusammen. Bei der Inflation auf jeden Fall, wie ich gerade in der Zeitung lese: Der Dollarkurs ist wieder hinaufgeklettert. Das bedeutet fünfzehn Prozent Inflationsrate in diesem Monat. Zweihundert Prozent im Jahr. Am besten gebe ich Zéze meine Cruzeiros sofort.

Der Alltag der Cariocas

Rio ist eine Rund-um-die-Uhr-Stadt. Die Frühaufsteher treffen irgendwann auf die Nachtschwärmer, nämlich bei Sonnenaufgang. Den einen treibt der frische Ozon aus den Federn, den anderen hält die Champagnerluft wach, und er findet deshalb nicht ins Bett. Es ist auch reine Zeitverschwendung, in Rio zu schlafen, in diesem Paradies für Freiluftfanatiker.

Auch ich mache es mir zur Gewohnheit, morgens um sechs Uhr schon zum Strand zu gehen. Das ist alles recht unkompliziert. Man steigt aus dem Bett, schnürt sich die Tennisschuhe, zieht kurze Hosen an, ein T-Shirt und rennt los zum Frühsport. Tausende von Cariocas bewegen sich so, ohne daß sie dazu Fitness- und Aerobic-Studios brauchen. Sie kennen das Wort Jogging nicht, aber sie laufen. Sie laufen, weil ihr sprudelndes Temperament sie dazu antreibt. Sie tragen elastische Bodys, farbenprächtige, knallenge Trikots, ohne dabei auf Alter oder Figur zu achten. Das Körpergefühl ist allgegenwärtig, und keiner findet den dicken

Bauch eines jungen Mannes komisch oder die bunte Ballettstrumpfhose einer alten Frau. Sie tun alle das gleiche. Sie verrenken ihre Glieder, schütteln sich wie nasse Möwen in den ersten Sonnenstrahlen. Nur heben sie dabei nicht ab, sondern bleiben am Pflaster kleben, genau wie die letzten Nachtbummler in den Frühlokalen auch.

Wen sein Beruf dazu zwingt, kehrt gegen neun Uhr wieder vom Strand zurück. Mit dem Klappstuhl oder einer Liegematte unter dem Arm, vielleicht noch einer Zeitung dazu, latscht man gemütlich nach Hause, um dann dem ersten Streß zu begegnen: der Fahrt mit dem Aufzug.

Das Leben in einem zwölfstöckigen Haus ähnelt dem in einem Ameisenhaufen. Der erste Aufruhr beginnt um neun Uhr: Die Frühaufsteher kommen vom Strand, die Langschläfer gehen zum Strand, die Hausfrauen rücken zum Straßenmarkt aus, die Kinder zum Spielen. Es gibt darunter sogar ein paar Leute, die zur Arbeit gehen.

Rio kulinarisch. Es gibt hier ausgezeichnete Fischlokale

Alle drücken eifrig auf die Aufzugsknöpfe, und so bleibt man in jedem Stockwerk stehen. Die Tür wird aufgerissen, man wirft einen neugierigen Blick hinein – aha, die Kabine ist voll. Aber man fragt trotzdem: „Geht's nach oben oder unten?" – „Nach unten", hallt es mehrstimmig zurück. „Gut, dann fahren wir nicht mit, weil der Aufzug sowieso voll ist."

Ein kurzer Ruck, dann der nächste Zwischenstop: „Geht's nach oben oder nach unten?" Die Frage ist überflüssig, denn man sieht die Fahrtrichtung an der Leuchttafel. Aber dies ist eben keine Carioca-Erfindung. Der Carioca redet immer: „Eins, zwei, drei, vier...", zählt er die Leute im Aufzug, und dann fragt er zur Sicherheit noch: „Wie viele Leute sind drin? Geht's nach oben oder nach unten?" Erstaunlicherweise gewöhnt man sich daran. Nach einer Weile antworte ich automatisch, wenn die Tür aufgeht: „Sobe", nach oben; „dese", nach unten.

In dem Haus, in dem ich wohne, bleibt man außerdem immer im sechsten Stock hängen. Ein Schaltfehler, was unsereinen entsetzlich nervt, aber die Cariocas nehmen es gleichgültig hin. Gelegentlich steigt sogar jemand im sechsten Stock zu und freut sich: „Ich habe den Knopf gar nicht gedrückt!"

Besonders lustig ist es, von meiner Dachterrasse das Treiben auf der Straße zu beobachten und die Leutchen unten, wie sie aus dem Haus treten, stehen bleiben und mal nach rechts, dann wieder nach links blicken. Ein Freund hat mir erklärt, was dabei in ihren Köpfen vorgeht: „Es ist die schwerste Entscheidung des Tages: Soll ich rechts zum Strand oder links zur Arbeit gehen?"

Jene, die nach oben blicken, finden schnell die Antwort. Vom Corcovado kommt sie, denn im Volksmund heißt es: „Solange Christus seine Arme ausbreitet, braucht man nicht zu arbeiten. Erst wenn er seine Hände faltet, packen wir's an."

Solche Bonmots erklären die Lebenseinstellung der Cariocas am besten. Nichts allzu ernst nehmen, das ist einer der wichtigsten Grundsätze überhaupt.

Freunde und Bekannte findet man in Rio schnell, sei es am Strand oder in Straßencafés. Die Kommunikationsfreudigkeit ist für einen Carioca unabdingbar.

Kennt man dann ein paar Leute, kommen sie auch gerne zu Besuch. Selbstverständlich unangemeldet. Nur eben auf einen Sprung, um zu fragen, wie es einem geht, mal sehen, was man gerade macht.

Diese Besuche verlaufen denkbar unbekümmert. Ohne daß man jemanden auffordert, sich wie zu Hause zu fühlen, fühlt man sich gleich so. Folgende Episode ist typisch, wie solche Kurzbesuche ablaufen.

Ich lese gerade beim Frühstück die Zeitung „Journal do Brasil", als es an der Tür klingelt. Eduardo, ein Journalisten-Kollege, will mir guten Tag sagen. Kaum unterhalten wir uns zehn Minuten, schneit Raquel herein, eine Tänzerin aus dem Samba-Lokal „Oba-Oba". Sie hat eine lange Nacht hinter sich, ist jetzt ziemlich aufgedreht und verspürt noch keine Lust, ins Bett zu gehen. Sie wohnt im gleichen Haus, und wir haben uns im Aufzug angefreundet.

Kaum plaudert Raquel zehn Minuten mit uns, kommt Dylia, ihre Freundin, mit der sich Raquel ein Mini-Apartment teilt. Dylia hat ihren Schlüssel vergessen. Inzwischen läutet bei mir das Telefon. Eine Münchner Redaktion ist an der Strippe, es wird etwas länger dauern. In der Zwischenzeit macht Raquel das Frühstück für uns alle, dann muß Eduardo telefonieren.

Später bringt ein Freund sein Fernsehgerät, weil meins ausgefallen ist. Zéze ließ es die ganze Nacht laufen und ist dabei eingeschlafen. Jetzt rebelliert sie: „Ohne Fernseher ziehe ich wieder aus." Wir hatten deswegen auch unseren ersten Streit. Kaum ist das Gerät im Zimmer, schaltet Zéze schon das Vormittagsprogramm ein: Paulchen Panther schiebt gerade eine Ente ins Rohr. Raquel schaut gebannt zu, während Dylia das Radio laut aufdreht.

Samba-Show im Oba Oba, in dem auch Raquel auftritt

An der Tür klingelt es erneut. Diesmal stürmen Freunde von Eduardo herein. Sie fahren mit dem Wagen nach Niteroi und wollen Eduardo mitnehmen. Fahrgemeinschaften funktionieren gut, um Cruzeiros für Benzin zu sparen. Zéze kocht Kaffee, und wieder purzelt der nächste Gast herein: Mona Lisa. Sie arbeitet in einem Nachtclub als *garota di programa*, die offizielle Bezeichnung des Familienministeriums für ein Mädchen, das gelegentlich in einer Bar den Touristen Gesellschaft leistet.

Mona Lisa strahlt. Endlich hat sie sich einen langgehegten Wunsch erfüllt. Heute nacht hat ihr ein Schweizer viel Geld geschenkt, und Mona Lisa kaufte schon früh am Morgen auf dem Markt einen Papagei. Fürwahr ein Prachtexemplar von einem geschwätzigen Vogel, grün und ganz schön eingebildet. Er wetzt seinen Schnabel, und es klingt wie Babyslang. Mona Lisa ist stolz auf ihren Papagei. Auch wir sind durchaus begeistert.

So verfliegt der Vormittag schnell. Eduardo hat seinen Termin vergessen. Er ist mit seinen Freunden schwer in eine politische Diskussion verwickelt. Raquel sieht immer noch fern, Dylia ratscht mit Mona Lisa. Der Papagei macht es sich auf meinem Bett bequem. Die Putzfrau, sie ist im Mietpreis inbegriffen, ist am Fegen.

Damit aber noch lange nicht genug: Auch Raquels Freund kommt noch vorbei, dann die Freundin von Zéze. Sie bringt ihre fünfjährige Nichte Annapaula mit, nur so zum Herzeigen. Es geht uns gut, tudo bem – alles in Ordnung.

Ich bin etwas ratlos. Eigentlich sollte ich gleich eine Geschichte, die ich noch nicht mal angefangen habe, telefonisch nach Deutschland an die Redaktion durchgeben. Immerhin bin ich auch in Rio, um zu arbeiten. Aber wie soll ich das in diesem Durcheinander schaffen? Die Leute rausschmeißen? Nein, das würden sie überhaupt nicht verstehen. Also versuche ich's doch.

Ich hole meine Schreibmaschine hervor und konzentriere mich auf den Vorspann. Es ist verdammt schwierig, aber irgendwie komme ich dann doch in Fahrt. Die Geschichte läuft, und nach einer Weile merke ich, daß sie gar nicht so schlecht ist: *José Carlos dos Reis, Spitznamen „Escadinha", der Dicke, ist aus dem Gefängnis ausgebrochen. Der größte Rauschgifthändler Südamerikas verschanzt sich in den Favelas. 80 000 Menschen schützen ihn. Die Polizei ist machtlos.*

Vor ein paar Tagen kam es im Fernsehen, ein Krimi mit Charles Bronson. Er wird von der Gefängnisinsel Alcatraz befreit. Ein Hubschrauber landet mitten im Gefängnishof, und die Gangster halten die Wachen in Schach.

Am vorigen Freitag hat sich die gleiche Szene in Wirklichkeit wiederholt. Auf der tropischen Ilha Grande, der sichersten Gefängnisinsel Brasiliens, ging ein Helikopter nieder. Die Gangster forderten die Freilassung von „Escadinha", dem Kopf des größten, auch am besten organisierten Rauschgiftrings des Landes. Der Hubschrauber war vorher gekidnappt worden, und der

Pilot mit seiner Freundin dienten als Geiseln. Der Überraschungseffekt war perfekt.

Mittags, als die Häftlinge im Hof Karten spielten, sich sonnten oder umherspazierten, griffen die Entführer ein. Es gab keinen Widerstand, um die Geiseln nicht zu gefährden. Unter dem Jubel der Mitgefangenen bestieg „Escadinha" den Hubschrauber, der in Richtung Rio abflog, zu einem der gefürchtetsten Elendsviertel im Norden der Sechs-Millionen-Metropole, zur Favela Jacarezinho. Fast 80 000 Menschen vegetieren dort.

Noch am selben Abend der Entführung ließ sich der 26jährige Heroin-Boß öffentlich feiern. Er empfing ein Fernsehteam und erklärte, warum er ausgebrochen sei: „Ich will dafür sorgen, daß die Rauschgifthändler die Drogenqualität verbessern. Es soll keine Drogentoten mehr geben." Draußen klatschte die Menge Beifall. „Escadinha" wird wie ein Robin Hood verehrt.

Da fällt mir gerade noch rechtzeitig ein, die Fernsehnachrichten am Vormittag einzuschalten. Was gibt's Neues von „Escadinha"? Für die Station „Rede Globo", auf Sensationen ausgerichtet, ist der Fall „Escadinha" ein gefundenes Fressen. Und tatsächlich, der Krimi spitzt sich zu: In den Favelas steht ein Übertragungswagen. Ein TV-Reporter macht eine Umfrage unter den versammelten Leuten: „Wer hat hier von ‚Escadinha' schon Geld bekommen?" Alle! Die ganze Gruppe hebt die Hand hoch und grinst frech in die Kamera. Im Hintergrund wird ein Spruchband ausgerollt: „Freiheit für Escadinha!"

Der Kommentar des Polizeipräsidenten von Rio?

„Wir können nur abwarten. Um die Favelas zu stürmen, bräuchten wir etwa 4000 bewaffnete Soldaten. Die Aktion würde einem Bürgerkrieg gleichkommen."

Der Überfall

In Rio lernt man schnell Leute kennen, weil man sich dauernd irgendwo über den Weg läuft. So auch Wolfgang, ein Berliner, der ehemals bei der Lufthansa arbeitete. Vom Brasilien-Virus angesteckt, wurde er selbst zum Carioca, und jetzt verschweigt er, daß er eigentlich *ingeniero civil* ist. Was er in seinem neuen Leben macht, ist auch einträglicher: *apartamentos* vermieten und Geld wechseln. Schwarz, versteht sich.

Wir haben uns in der Innenstadt verabredet. Wolfgang kommt etwas verspätet mit zwei großen Papiertüten an. Oben liegen zwei Kürbisse und etwas Gemüse.

„Ich möchte heute abend kochen", entschuldigt er sich.

Im bunten Stadtbus machen wir, was alle Cariocas tun: Wir begutachten die zusteigenden Mädchen. Nirgendwo sind die Jeans enger als in Rio, die Stöckelschuhe spitzer und die Blicke schärfer.

Bereits nach der zweiten Haltestelle bandeln wir mit einer *panthera* an. Bis zum nächsten Stop wissen wir, daß sie Elena heißt, und amüsieren uns köstlich, daß sie den Namen Wolfgang nicht verstehen, geschweige denn aussprechen kann.

Es ist lustig, wie die Brasilianer in ihrem Portugiesisch alles verniedlichen. Zwecks leichterer Aussprache schieben sie, wo es nur geht, ein „i" dazwischen. Und das klingt dann so: Lufthansa wird zur *Lufti-Hansi*, Western- und Abenteuerfilme nennt man *bangi-bangi*, die Flüge mit Zwischenstops in jeder Stadt *pinga-pinga*. Selbst „Dallas"-Ekel J. R. muß daran glauben – und man traut seinen Ohren nicht, wie er im brasilianischen Fernsehen synchronisiert wird: Dschei Ar als Jota Eri!

Nach mehrmaligem Anlauf und vielen Versuchen löst sich Elenas Zunge auch bei dem Namen Wolfgang: Gong-Wolfi ist das

Resultat! Ist eigentlich auch schöner als Wolfgang.

Unsere Sprachstunde wird plötzlich unterbrochen. Zwei farbige Jungs sind zugestiegen, nur in Badehosen und barfuß. Blitzschnell ziehen sie aus einem Handtuch eine Pistole, eine alte, verrostete Armeewaffe. Wer weiß, ob das Ding überhaupt noch schießt? Aber wenn es doch losgeht, könnte es die ganze Kanone zerreißen.

Zum Überlegen ist keine Zeit. Die zwei fuchteln mit der Pistole herum. „Das ist ein Überfall! Geld her!" bellen sie die Passagiere an.

Der Busfahrer schaut in den Rückspiegel. Was wird er tun? Nichts, er hält nicht mal an, fährt seelenruhig weiter. Die Gangster jagen im Affentempo durch den Bus und reißen den Leuten ihre Wertsachen weg.

Wolfgang wird kreidebleich. Schweiß perlt von seiner Stirn. Was ist nur los mit ihm? Wir beide haben doch nicht mal eine Armbanduhr. Die Räuber sind nun bei uns. Wolfgang zieht aus seiner Brusttasche ein paar Fünftausend-Cruzeiro-Scheine. Ich fische hastig heraus, was ich in der Hosentasche habe. Vielleicht 100 000 Cruzeiros, vielleicht etwas mehr, drücken wir den Banditen in die Hand. Die schnappen sich die Beute, und schon hechten sie aus dem fahrenden Bus. In halsbrecherischem Zickzacklauf flüchten sie über die dichtbefahrene sechsspurige Avenida – todesmutig durch den rasenden Verkehr. Sie springen den bremsenden Autos direkt vor die Kühlerhaube. Da ist keine Verfolgung möglich.

Es versucht's auch niemand. Die Polizei ist nirgendwo in Sicht, und den Passagieren sitzt der Schock in den Knochen. Auch mir, muß ich zugeben, blieb das Herz kurz stehen, vor allem, weil alles so schnell ablief. Wolfgang wischt den Schweiß von der Stirn und atmet schwer auf: „Mensch, hab ich Schwein gehabt. Die sind gerade an fünfzig Millionen Cruzeiros vorbeigelaufen."

„Wieso? Ich verstehe nicht."

„Ich habe in der Stadt gewechselt", erklärt Wolfgang.

„Und wo ist das Geld?" frage ich.

„Hier in den Tüten. Es so zu transportieren ist viel sicherer als in einem Koffer. Der fällt zu sehr auf."

Wolfgang hebt das Gemüse etwas hoch. Darunter liegen gebündelt die Fünftausender, denn zur Zeit gibt es nur Fünftausender als höchste Banknoten. Fünfzig Millionen in solch kleinen Scheinen sind ein schöner Haufen Papier. Wolfgang hat es deshalb auf zwei Tüten verteilt.

„Das sind umgerechnet 10 000 Dollar", sagt er sichtlich erleichtert. „Ich habe das heute für eine große Firma gewechselt, und ich hätte das Geld aus meiner eigenen Tasche ersetzen müssen. Da wäre mein ganzes Geld draufgegangen."

Glück muß man schon haben in Rio, um zu überleben. Denn „die Opfer sind wertvoller als die Raubtiere", heißt es, und das schon deshalb, weil es eben mehr Raubtiere gibt.

Die Favelas

Von meiner Terrasse aus kann ich zwischen zwei Wohnhäusern wie durch eine Schießscharte hinunter aufs Meer blicken. Rundherum herrscht ein Dickicht aus Fernsehantennen, Entlüftungsschächten und Feuerwehrleitern. So ist es, wenn man in der zweiten Reihe der Copacabana wohnt. Die liegt bereits tief im Territorium der Cariocas. Hier spürt man die Bevölkerungsdichte hautnah.

Ich stehe unter der Dusche und sehe, wie die Hausfrau gegenüber Möhren schabt. Während ich frühstücke, wird nebenan die Wäsche aufgehängt. Weiter unten kann ich den Leuten ins Bett gucken, und dann gibt's auch Leute, die mir, obwohl ich im obersten Stock lebe, in den Teller schauen können. Sie wohnen auf einem grünen Hügel schräg gegenüber, höchstens hundert Meter

Der Himmel ist nicht nur blau. Typisch für Rio sind auch bizarre Wolkengebilde

Luftlinie entfernt. Diese Nachbarn leben in bunten Holzbuden oder in Baracken aus unverputzten Ziegeln. Sie zahlen keine Mieten, weil sich keiner zu ihnen hintraut, um zu kassieren. Es wäre auch sinnlos, weil sie sowieso kein Geld haben.

Das sind die Leute aus den Favelas, was sinngemäß „Gute Vorsehung" bedeutet. Das klingt wie Ironie. Ihre armseligen Hütten ziehen sich über die unbebauten Hänge hin und wirken aus der Ferne sehr malerisch. Tausende, inzwischen Millionen von Menschen, die irgendwann auf Arbeitssuche nach Rio pilgerten, sind hier gestrandet. Die Hoffnung auf Glück in der reichen Großstadt hat sich nicht erfüllt, und es gibt keinen Weg zurück. Würde man alle Einwohner der Favelas von ganz Brasilien zusammentrommeln, ergäben sie mehr Einwohner, als die zweitgrößte Metropole des Landes besitzt. Über zehn Millionen Menschen leben in diesen Barackenstädten.

Ich beobachte, wie manche morgens zur Arbeit gehen, andere

zum Strand, manche bleiben den ganzen Tag zu Hause und hocken vor dem Fernseher. Ein Junge fällt mir besonders auf. Er liegt und sitzt immer auf einer blau-weißen, zerfetzten Matratze. Tagsüber schiebt er sie in den Schatten hinter einer Baracke, nachts unter einen ausgehöhlten Betonsockel. Dort schläft er.

Am Tag ist er fleißig. Er übt zehn Stunden lang Gitarre und macht hörbar Fortschritte. Sein Ton wird von Tag zu Tag klangvoller, die Finger werden geschmeidiger. Bis zu diesem verhängnisvollen Tag.

Meine Freundin Zéze hat gekocht. Aus der Küche duften Kalabresa-Würstchen, mit Zitrone abgeschmeckt. Plötzlich knallt ein Schuß. Wir stürzen auf die Terrasse.

Der Schuß kam aus den Favelas. Die Militärpolizei, für bewaffnete Einsätze zuständig, hat eine Baracke umzingelt. Davor steht ein Mädchen, zwei Polizisten wollen sie offenbar verhaften.

Das Mädchen mit der wilden Mähne wehrt sich, aber die Situation ist etwas komisch: Um nicht abgeführt zu werden, hat das Mädchen ihre Jeans heruntergelassen. Die Hosen zwischen den Beinen verwickelt, kämpft sie mit den Polizisten. Dabei löst sich noch ein Schuß und trifft versehentlich den jungen Musiker, der so fleißig Gitarre übte. Jetzt liegt er blutüberströmt am Boden.

Wir sehen die Polizisten und ein paar Leute den Hang hinunterlaufen. Unten, an einer überfüllten Straße, parken die vergitterten Einsatzfahrzeuge. Und dann geschieht lange nichts.

Neben den Kopf des Verletzten wird ein Madonnenbild gelegt, zwei alte Frauen sieht man kniend beten, Kinder weinen, zwei Männer betasten den Körper des Jungen, seine Bewegungen werden immer schwächer. Die Matratze ist längst von Blut durchtränkt.

Nach ungefähr dreiviertel Stunden rast die *ambulancia* herbei. Mit Martinshorn, Blau- und Rotlicht, die rotierenden Lampen kranzförmig angeordnet. Die Sanitäter rennen mit der Trage den Berg hinauf. Zu spät. Die Rettungsaktion endet tragisch. Der

Junge ist verblutet. Weinend fallen sich die Familienangehörigen in die Arme. Plötzlich ist die Polizei verschwunden, nur das Mädchen, das abgeschleppt werden sollte, steht immer noch da, verwirrt, mit heruntergelassener Hose.

Ich stehe betroffen auf der Terrasse und schaue ringsum in die beleuchteten Fenster, denn inzwischen ist es Abend geworden. Die Fernseher flimmern. Ehepaare streiten sich, Liebespaare lieben sich in den Betten und lassen die Balkontüren offen. Wegen der kühlen Luft.

Das Leben geht weiter. Ein Toter in den Favelas, das bedeutet nur eine kurze Unterbrechung des Fernsehprogramms. Nichts weiter. Außerdem weiß es in Rio jeder: Elend zieht Unglück an.

Doch wer sind die Leute in den Favelas? Ich will es genauer erfahren, auch wenn alle Touristenführer von Expeditionen in diese Viertel warnen. Als ich dann einmal mit dem Auto zum Strand São Conrado fahre, wage ich es.

„Bist du denn wahnsinnig?" protestiert Zéze laut.

Aber ich gebe Gas. Erster Gang, zweiter Gang, der Motor heult auf. Die Steigung ist sehr steil, es geht direkt in den Himmel hinein.

Pedra Dois Irmãos, zwei Brüder, ist die Bezeichnung für diesen Doppelberg, der tatsächlich wie ein Zwillingspaar den Strand von Ipanema majestätisch abgrenzt. Die Nordseite ist mit Favelas dicht besiedelt. 60 000 Menschen vegetieren hier im Schatten der Luxushotels *Sheraton* und *Intercontinental*. Was denken wohl die Touristen, die aus den Fenstern auf dieses Elend schauen?

Der Weg wird immer enger, und ich sehe, wie sich mir viele Gesichter zuwenden. Grimmige Gesichter von jungen Leuten, fast nur Farbige. Je enger die Gassen werden, desto dunkler die Hautfarbe. Plötzlich hört der Weg auf. Ende. Weiter muß man zu Fuß klettern, zu diesen Baracken mit Löchern statt Fenstern. Die Leute sitzen am Boden, lehnen lässig an den Wänden. Sie werfen mir böse Blicke zu. Mein offener Buggy wird zur Zielscheibe der

Aggression, erst versteckt, dann artet sie in direkten Angriff aus. Ich habe es nämlich gewagt, die Leute hier zu stören, habe die Grenzen überschritten – wie ein Kaninchen, das sich in den Leopardenkäfig verirrt. Die Raubtiere wittern Beute.

Ich versuche umzudrehen. Es ist sehr eng. Da fliegt schon ein kleiner Stein und prallt an der Karosserie ab. Noch spielerisch geworfen von einem *pixoten*, einem Krauskopf, wie die farbigen

Hinter mir der Dois Irmaos, der Zwei-Bruder-Berg, an dessen Nordseite sich deprimierende Favelas ausbreiten

Knaben neckisch bezeichnet werden. Sie sind die „Gesetzlosen", weil sie noch minderjährig sind und nicht bestraft werden können. Sie sind in Rio am gefährlichsten: die Kinder aus den Favelas.

Sie rotten sich um mich. Die Spannung wächst. Mangokerne, Hühnerknochen und immer größere Steine knallen gegen meinen Wagen. Endlich schaffe ich es zu wenden und rase den Berg wieder hinunter. Da sehe ich ein Hindernis, ausweichen kann ich nicht mehr. Eine Reihe von aufgeschlitzten Blechdosen ist an einer Schnur quer über die Straße gezogen. Der Buggy mit seinen dicken Reifen kommt drüber, aber eine normale Bereifung hätte es jetzt zerrissen.

Ich rase weiter. Die Avenida Niemeyer ist schon in Sicht. Die Hinterachse scheppert fürchterlich, aus der Kurve schießt ein Bus. Ich muß Vorfahrt geben und bremse. Da sticht es mich ins Herz – der Pedaldruck geht ins Leere! Die Bremsen funktionieren nicht. In letzter Sekunde gelingt es mir, das Steuer herumzureißen und damit den Zusammenstoß mit dem Bus zu verhindern. Um ein Haar!

Der Wagen rollt aus, und ich schiebe ihn im ersten Gang zur Tankstelle. Der Mechaniker beugt sich unter das Auto und entdeckt gleich den Schaden: Die Büchsen an der Schnur haben sich um die Hinterachse gewickelt und die Bremsleitung abgerissen. Ich blicke nochmals hinauf zum Berg. Es läuft mir eiskalt über den Rücken. Da habe ich wirklich noch mal Schwein gehabt.

Nette Nachbarn

Es ist elf Uhr. Dona Laura kommt. Sie bringt ein Tigerkleid für Zéze, fertig, ohne Anprobe. Dona Laura braucht sich eben keine Zentimeter zu notieren. Sie kann ja auch nicht schreiben. Sie hat Augenmaß.

Zézes Tigerkleid spannt sich über ihre Rundungen wie angegossen. Ich lobe die perfekte Paßform, aber Dona Laura bleibt bescheiden: „Ist doch keine Kunst", meint sie. „Sie hätten die Kostüme für den Karneval sehen sollen, die ich gemacht habe . . ."

Es beginnt mich brennend zu interessieren. „Sie nähen Kostüme für den Karneval?" frage ich zurück.

„Ja, für Beija-Flor", antwortet Dona Laura.

Beija-Flor ist in Rio eine der berühmtesten Sambaschulen, *escola de samba*, ein bis ins einzelne organisierter Verein von Musikern, Tänzern und Teilnehmern an den Karnevalsparaden.

„Beija-Flor hat im letzten Jahr den Wettbewerb der Sambaschulen beim Karneval gewonnen", erinnere ich mich.

Dona Laura nickt mit dem Stolz eines Fans, der über seinen Fußballclub spricht: „Sie sind die Größten."

Das ist auch der eigentliche Sinn des Karnevals, der Wettbewerb zwischen den Sambaschulen. Alle Kostüme, Tänze, Choreographien und Phantasiewagen werden von einer Jury bewertet. Die Parade dauert zwei Tage. Erst nach der eigentlichen Karnevalszeit wird dann vier Tage später der Gewinner bekanntgegeben, und es gibt einen Siegeszug. Vom Karneval können die Cariocas wirklich nicht genug kriegen.

„Wann beginnen eigentlich die Vorbereitungen?" erkundige ich mich.

„Die laufen schon längst wieder", erwidert Dona Laura.

„Was? Jetzt schon? Es sind doch kaum erst zwei Monate seit dem letzten Karneval vergangen!"

„Richtig", erklärt Dona Laura, „aber alles muß wieder neu gemacht werden, und da brauchen wir Tausende von Stunden dafür."

Mit „wir" meint Dona Laura ein Kollektiv von mehreren Frauen, die alle am gleichen Hügel drüben wohnen und zur Sambaschule Beija-Flor gehören.

Ich habe das Gefühl, daß Dona Laura mich jetzt eigentlich gerne zu sich einladen würde, aber sie traut sich nicht. Mich, den Deutschen, in die Favelas! Doch offenbar gibt es von diesen Barackenvierteln auch weniger gefährliche, als ich es mit meinem Auto erlebt habe.

Ein paar Tage später machen Zéze und ich uns einfach auf zu einem Besuch bei ihr. Wir brauchen gar nicht weit zu laufen. Schon zwei Straßen von der belebten Rua Gustavo Campano entfernt endet das Pflaster bei einem schmalen Durchgang zwischen zwei Hochhäusern. Erst kommt noch ein Hinterhof, dann schon Niemandsland – und ein Müllhaufen.

Über den Abfällen türmen sich die Baracken, einem Termitenhügel ähnlich. Die meisten Behausungen stehen auf Holzpfeilern, die Wände sind ein Mosaik aus Holzkisten, die Dächer aus dem Wellblech von Teerfässern zusammengestückelt. Zwischendurch gibt es auch recht massive Eigenbauten, manche sogar auf Betonpfeilern. Fast jede Baracke hat eine kleine Veranda, nur Glasfenster sieht man nirgends.

Wir fragen nach Dona Laura. Immer nach oben, deuten die Leute, weiter hinauf. Der steile Weg geht in die Muskeln. Ob die Leute hier eigentlich Wasser haben? Und wie ist das mit der Kanalisation? Und Strom?

Zéze weiß es: „Das Wasser holt man sich von unten aus dem Hydrant für die Feuerwehr, eine Kanalisation hat die Stadt gebaut, wegen der Seuchengefahr. Aber es ist nur ein Sammelrohr, abgespült wird mit Regenwasser, wenn es regnet. Bessere Hütten haben auch große Behälter für Regenwasser. Und Strom? Da werden einfach die Leitungen angezapft. In den Favelas zahlt kein Mensch für elektrisches Licht. Wer keinen Strom zahlt, wird nicht bestraft, aber er kann auch keine Stromquittungen vorzeigen und gilt als asozial. Ohne Stromrechnung gibt es keinen Kredit, ohne Kredit kein Geld."

So schließt sich wieder ein Teufelskreis.

Dona Laura wohnt mit ihrem Mann und fünf Kindern in einer

Bude, halb aus Ziegel, halb aus Holz, blau gestrichen, mit einer kleinen Bretterveranda. Dort hocken jetzt fünf Frauen. Auf dem Weg hierher fiel mir schon auf, im Gegensatz zu meiner ersten Favela-Erfahrung, wie friedlich hier die Leute sind, keine bösen Blicke. Vielleicht liegt es daran, daß meine Freundin Zéze selbst ein farbiges Mädchen ist, vielmehr aber wohl, daß wir uns in einer kleinen Favela befinden. Hier, dicht an der Copacabana, haben viele der Faveleros bereits einen gewissen Standard erreicht: erste Anschaffung ein Fernsehgerät, dann ein Kühlschrank. Der Luxus gipfelt in einem Motorrad. Nur richtige Wohnungen haben sie keine.

Dona Laura hat eine Nähmaschine. Eine neue. Sie näht fleißig für die Nachbarschaft da unten aus den reichen Häusern. Ihr Mann hat ebenfalls Arbeit: Als Kellner in einer Churrascaria, einem Gaucho-Restaurant, bringt er umgerechnet zweihundertfünfzig Mark im Monat nach Hause. Er arbeitet zehn Stunden am Tag. Auch samstags und sonntags.

Die Kinder im Alter von zwei bis zwölf Jahren sind sauber gekleidet. Dona Laura ist eine sehr ordentliche Frau. Ihre Nachbarinnen reagieren auf unseren Besuch schüchtern. Erst reden sie nur mit Zéze, später unterhalten sie sich auch mit mir. Daß ich Ausländer bin, interessiert sie nicht. Ob aus *Alemanha* oder aus Salvador ist ja auch egal.

Sie zeigen mir die Pailletten, fünftausend Stück, blau mit Perlenschimmer. Alle fünftausend kommen auf ein Kostüm, und wenn es fertig ist, wiegt es fast dreißig Kilo. Das Kostüm hat eine raffinierte Innenkonstruktion aus Drähten, Stäbchen und Reifen. Wie der Rumpf eines Schiffes.

Ich schaue den Nähkünstlerinnen, die eigentlich mehr schon Kostümbildnerinnen sind, zu. Die Frauen plaudern über Haare und Fingernägel, Fleischpreise und Horoskope. Das interessiert sie besonders. Jede noch so belanglose Kleinigkeit ist erwähnenswert. Es liegt wohl an der Sprache selbst: Egal, was man sagt, es

Eine Mulatta an ihrem wassergekühlten Verkaufsstand

klingt gut. Der Tonfall der Worte ist wie das Zwitschern der Vögel. Wer würde da noch nach einem tieferen Sinn forschen. Was für glückliche Menschen sind sie doch, diese Südländer, schon durch ihre Sprache und ihre Veranlagung. Einfach nur reden, reden und reden.

Die einbrechende Dunkelheit setzt der Arbeit ein Ende. Das Resultat des Tages: Ein Ärmel wurde ausgestickt und die Grundlinien einer weißen Taube an der blauen Brust abgezeichnet. Morgen wird weitergearbeitet. Oder vielleicht übermorgen. Man verabredet sich lose, so wie es bei den Cariocas üblich ist.

Auf unserem Heimweg springen wir wie die Gamsböcke den abschüssigen Pfad zwischen den Baracken hinunter. Ein Junge begleitet uns. Siebzehn ist er und stolz darauf, daß er schreiben kann. Er ging drei Jahre lang zur Schule. „Jetzt verkaufe ich Lose", berichtet er selbstbewußt.

Lotterie ist eine weitere brasilianische Epidemie. Alle spielen, aber selten gewinnt einer. Neben der staatlichen Lotterie gibt es noch den schwarzen, verbotenen Glückszettel: *jogo do bicho*, das Spiel der Tiere. Die Tiere ersetzen die Ziffern, ein Trick auf den man wegen des Analphabetismus kam. Mit der Ziehung macht man sich keine Umstände. Es werden einfach die Zahlen der staatlichen Ziehung aus dem Fernsehen übernommen und auf die Tiere übertragen. Doch wie das nun genau funktioniert, habe ich, ehrlich gesagt, nicht ganz begriffen. Und dieser Junge kann es mir auch nicht präzise erklären, vielleicht, weil er es selbst nicht weiß. Nur daß er diese Woche Lose mit der Katze verkauft, ist sicher, also die Nummer 14. Letzte Woche hat er Schwein gehabt: die Nummer 18.

Und dann weiß er noch eins: daß er für ein verkauftes Los ungefähr zwanzig Pfennig bekommt. Wenn er Glück hat und an einem Vormittag zehn Lose verkauft, verdient er zwei Mark.

Auf den Straßen von Rio laufen Tausende von Losverkäufern herum, aber trotzdem ist dieser Junge sehr stolz auf seinen Job. Er ist außerdem noch Trommler in der *escola de samba* Beija-Flor. Ich soll unbedingt mal vorbeischauen, lädt er mich ein.

Escola de Samba – Sambaschule

Die Sambaschulen sind das ganze Jahr über in Betrieb. Insgesamt zehn gibt es in Rio, benannt nach den Stadtteilen, aus denen die Mitglieder stammen: Beija-Flor, Manguiera, Salgueiro, Portela, Imperatriz, Leopoldinense, Imperio Serrano, Padre Miguel, União da Ilha, Vila Isabel.

Zu ihren wichtigsten Aufgaben gehört, der breiten Bevölkerung die Tänze für den Karneval beizubringen. Es ist nicht wie bei einer Moskauer Spartakiade, wo die Bewegungen der Massenformationen in Kasernen und Schulhöfen eingedrillt werden. In Brasilien ist Samba eine echte Volksbewegung, und jedermann auf der Straße kennt den genauen Ablauf einer Karnevalsparade, hat ihn im Blut.

Es ist Samstag. Wie immer, wird heute abend wieder geprobt. Ich fahre mit Zéze zur Sambaschule Beija-Flor. Einem Stadion ähnlich, liegt ein dickbäuchiges Ungetüm aus schmutzigem Beton in der Bucht von Botafogo, ein Stadtteil mit dem berühmten gleichnamigen Fußballclub. Für Botafogo stürmte auch weiland der legendäre Torkönig Pelé, noch heute ein überaus beliebter Volksheld. Sollte er mal für die Präsidentschaft im Lande kandidieren, würde er wahrscheinlich die Wahlen gewinnen. Aber er kandidiert nicht. Er genießt seinen Reichtum: eine Penthousewohnung an der Copacabana, mehrere Autos, eine Jacht und als Statussymbol ein weißes Top-Modell, Luiza Brunet.

Aber zurück zum Kolibri, denn das bedeutet der Name Beija-Flor. Am Eingang steht eine Menschenschlange, Mädchen und Jungs, ein zusammengewürfelter Haufen. Auf die paar ahnungslosen Touristen, die sich hertrauen, lauern Diebe im Schatten. Sie greifen wie Kobras an. Schnapp! Weg ist die Handtasche oder die Kamera. Ich habe nichts dabei. Zéze drückt meine Hand. Etwas unheimlich ist es hier schon.

Der Eintritt kostet drei Mark. Die Gesamteinnahme geht in die Vereinskasse, um den Aufwand für die Karnevalsparade zu finanzieren. Durch eine Schleuse gelangen wir hinter die Mauer und treten in einen kahlen Innenhof. Rote Fässer mit der weißen Aufschrift *lixo*, Müll. Ein paar Halbstarke lümmeln herum, spielen Fußball mit Cola-Dosen. Und der Ausblick ist wieder berauschend: Pão de Açúcar, der Zuckerhut. Noch ein Berg steht davor, der Morro de Urca. In der mondhellen Nacht muten die beiden Felskugeln wie die Höcker eines Riesenkamels an. Zwischen den zwei Buckeln hängt eine bauschige Wolke. Da hindurch bohrt sich die beleuchtete Gondelbahn.

Cidade Maravilhosa – die wunderbare Stadt. Das ist nicht nur ein Werbespruch. Die Stadt besteht aus Wundern, die ständig neu entstehen. Natur und Licht, Zeit und Zustand. Und die Stimmung. Gerade donnert es los. Das Schlagzeug – *bateria* – sorgt für das Samba-Feeling, den *sambão*.

Man ist wie elektrisiert. Zézes Popo beginnt zu wackeln, und ich spüre das berühmte Kribbeln in der Lendengegend, *sambão*, stark wie Sex.

Die *bateria* kommt allmählich auf Touren. Zwanzig bis dreißig Trommler stehen auf einem Podium. Das Gerüst ist aus rostigen Stahlrohren zusammengeschraubt, ein paar Bretter liegen darüber. Bricht es nicht gleich zusammen? Nein, *sambão* hält's, läßt es geradezu schweben in diesem Hangar mit nackten Betonpfeilern, nackten Betonwänden und nacktem Betonboden.

Die Trommler drücken stärker aufs Fell, immer stärker. Noch fehlen die Bläser. Erst wird der Grundtakt gefestigt. Von unten mauern die *surdos* die Basis; die Baßpauken, nur von den Kräftigsten geschlagen, hallen mächtig. Als wollten sie die Geister aus Schwarzafrika beschwören. Dann explodiert eine ganze Batterie von Trommeln mit diversen Klangvolumen, Rasselkeulen, Tamburins schließen sich an. Und Bambusröhren, auf die man mit einem Stock schlägt.

Ich winke dem jungen Freund aus den Favelas, dem Losverkäufer, der uns hergelotst hat. Aber er sieht nichts, hört nichts. Er hat sich regelrecht in Trance gesteigert. Auch das bedeutet *sambão*.

Über diesen Donner aus Schlagzeug peitscht eine Trillerpfeife. Die ersetzt den Dirigentenstab, den man ohnehin bei diesem Tumult nicht hätte sehen können. Diese Rhythmuslawine ist nur akustisch unter Kontrolle zu halten, mit Pfiffen, die an den Ohren wie Zugleinen reißen.

Wo steckt Zéze? Ich suche sie. Vom Rhythmus gepackt, hat sie die Welt vergessen. Sie hat sich einer *bloco* zugesellt, einer organisierten Einheit, aus denen sich der Karnevalszug aufbaut, und läßt ihren Popo rotieren. Diese *blocs* wachsen bis zu zweitausend oder dreitausend Menschen an, die sich gleichförmig bewegen und tanzen. Jetzt üben sie. Und die *sambistas*, die Vortänzer, zeigen die Figuren. Wenn der *samba* vorbei ist, geht's weiter mit *bossa nova* und den stilverwandten Arten *frevo, baiao, coco, xote, tropicalismo, pastoril, maracatu* ...

So gründlich präpariert, kann es dann eines Tages losgehen. Ich merke es Zéze an. Sie kann's kaum noch erwarten, bis es wieder explodiert.

Karneval in Rio

Einmal im Jahr rasten sie alle aus: Karneval. Das hältst du im Kopf nicht aus. Die ganze Stadt dröhnt im Sambarhythmus, und ich bin seit drei Tagen nicht im Bett gewesen.

Mein Gehirn glüht wie eine Glühbirne, den Körper spüre ich nicht mehr. Wie viele *caipirinhas* waren es gestern? Ich weiß nur noch, daß ich irgendwann auf *cuba libre* umgestiegen bin. Dieses teuflische Zeug, Bacardi-Rum mit Cola, hält wach, peitscht die Sinne auf. Den Alkohol schwitzt man aus, aber die Kontrolle über sich hat man trotzdem längst verloren. Nein, sich dagegen zu wehren ist völlig zwecklos. Der Tanz, die Leute, die Nacht. Es reißt einen mit.

Obwohl mein Kopf jeden Augenblick zu zerplatzen droht, lege ich mich nicht hin. Schlafen ist zwecklos. Diese mörderische Samba erfaßt die Straßen wie ein Erdbeben. Seit Tagen tummeln sie sich alle draußen. Der Strand ist voll mit Leuten, die, von irgendwelchen Bällen noch grell geschminkt, jetzt weitermachen, an irgendeinem Strand, wo es *cachaca* gibt. Eine Band findet sich schnell zusammen. Die Musiker, noch vor paar Stunden kurz vor dem Umfallen, trommeln jetzt weiter. Die Ekstase läßt einen nicht los. Ich stürze mich also schnell unter die Dusche, wechsle mein durchgeschwitztes T-Shirt, ziehe kurze Hosen an, schlüpfe in meine Latschen. Schon bin ich wieder auf der Straße.

Zur nächsten Ecke sind es nur ein paar Schritte. Dort gibt es, wie überall in Rio, jene köstlichen Fruchtsäfte – *die sucos vitaminas*. Frischgepreßter Orangensaft gemischt mit Papaya (*mamao*), Mango (*manga*), Cashew-Äpfeln (*caju*) und Passionsfrucht (*maracuja*), Ananas und Melonen. Der elektrische Mixer surrt. Es sind wahre Vitaminbomben, die erfrischend im Becher schäumen. Ein Schluck, und neue Lebensgeister werden geweckt.

Als Zwischenimbiß bestelle ich ein Hähnchen, pikant gewürzt. Diese *galetos,* die Thekenlokale, sollte man unbedingt ausprobieren. Es gibt dort Köstlichkeiten wie Huhn vom Holzkohlengrill, Kabeljaubällchen, Hühner-, Krabben- und Käsepasteten, und man braucht keine Angst zu haben, sich den Magen zu verderben. Der Küchenplatz ist überall sauber, und die Kühlschränke funktionieren selbst im tiefsten Urwald. Der sogenannte Saftladen ist durchaus mit einem Feinschmeckerimbiß gleichzusetzen. Obendrein ist es die billigste Möglichkeit, sich in Rio zu verköstigen.

Ich stehe an der Theke und schlürfe am *cafezinho*, als auf der Straße ein höllischer Lärm ausbricht. Die Temperatur ist inzwischen auf 38 Grad im Schatten gestiegen, das Steinpflaster ist heiß wie eine Herdplatte. Und da tanzen sie barfuß, eine Truppe von Transvestiten, denen es besonders im Karneval großen Spaß macht, ihre gespaltene Identität zur Show zu tragen. Fast sieht es so aus, daß die Männer die tollsten Frauen sind. Geschminkt wie Königinnen der Nacht ziehen sie schon am Mittag zur Copacabana, um alle zu verwirren: Schaut nur her, sind wir nicht tolle Geschöpfe! Manche haben sogar das Skalpell anlegen lassen, um zu korrigieren, was die Natur falsch gemacht hat. Mal entsteht dabei ein neuer Sündenengel, mal ein Frankensteinmonster, wenn die Operation schiefgegangen ist. Aber man pfeift auf den Unterschied, zeigt die Ergebnisse ungeniert: Hintern, groß wie Kür-

Biene Maja auf brasilianisch

bisse, künstliche Busen, hart wie Golfbälle.

Ein Travestie-Tänzer springt mich an, umarmt und küßt mich mit voller Leidenschaft. Der Lippenstift auf seinem Mund ist so dick aufgeschmiert wie Marmelade auf der Frühstückssemmel. Der Kuß schmeckt auch so ähnlich. Erdbeeren von Rosamunde. Zwei andere Transvestiten packen mich um die Hüfte, und schon bin ich mittendrin im Trubel. Kuß von rechts, Kuß von links. Bald sehe ich aus wie ein Zirkusclown. Ein dritter Transvestit umarmt mich. Oben ist er wie die Biene Maja, unten eine Cancan-Tänzerin mit schwarzen Strapsen und roten Netzstrümpfen. Sein Körper glänzt von Schweiß. Es ist Karnevalsmontag, die Stimmung kurz vorm Siedepunkt.

Die Leute am Strand amüsieren sich über den Transvestiten-Zug. Mich hat dieser verrückte Pulk schon wieder ausgespuckt. Es geht aber gleich weiter. Die nächste Gruppe, die mich erfaßt, ist eine Muppets-Familie. Einer hat sich als Kermit, der Frosch, verkleidet und die halbe Sesamstraße mitgebracht. Ich treffe darunter alte Bekannte: Paulchen Panther und Mickymaus, und das Mädchen, das meine Hand hält, ist besonders toll: Miss Piggy.

Wir tanzen die Copacabana entlang. Jemand reicht mir eine Dose *cachaca*, der andere wieder ein kühles Bier. Man teilt, was man hat, und lacht. Die Fröhlichkeit steckt an. Gegen diesen Karneval-Virus gibt es keinen Impfstoff.

Der Nachmittag verfliegt in einem einzigen Rausch. Abends stehe ich wieder unter der Dusche. Wo liegt Grönland? Ich stelle mir Eisblöcke vor, um mich abzukühlen, denn aus der Dusche kommt nur ein dünner Strahl. Selbst die Kaltwasserleitungen kochen zur Karnevalszeit. Außerdem ist es kurz vor acht. Halb Rio duscht, um frisch zum nächsten Ball zu rennen. Heute ist die Nacht der *pantheras*, der wilden Katzen. Getigerte Badehosen, Bikinis mit Leopardenmuster sind Pflicht. Dazu die wahnsinnigen Schuhe mit zwölf Zentimeter hohen Absätzen, auf denen zehn Stunden lang getanzt wird. Hier würde jedes Bodybuilding-Studio pleite gehen. Der Carneval bringt das heißeste Fitness-Training der Welt. Und keiner macht schlapp.

Meine Freunde holen mich ab. Zu einem Ball muß man schon mit einer Clique gehen, sonst ist man verloren. Wir brausen mit einem offenen Buggy, jenen lustigen Strandautos mit überbreiten Hinterreifen, durch die Stadt. Der Fahrtwind beschleunigt den Puls.

Am Eingang vom Monte Libano herrscht Chaos. Aber nur scheinbar. Monte Libano ist eine der Karnevalshochburgen von Rio. Ein Mittelding zwischen Turnsaal und Festhalle. Vor dem Eingang warten Frauen, Dutzende, Hunderte. Sie warten auf einen männlichen Begleiter. Kein Aufriß, es ist nur eine Karnevalsregel, daß Männer vollen Eintritt zahlen und dafür zum halben Preis eine Frau mitnehmen können. So warten nun die Mädchen auf einen Kavalier, das Geld abgezählt in der Hand.

Ein kurzes Lächeln, und ein Bunny zupft an meinem Hemd:

„Bist du ohne Begleitung?"

Ich kenne diese Karnevalssitte noch nicht und frage: „Warum?"

Das Bunny schmiegt sich an mich: „Du zahlst den Eintritt, und ich gehe als deine Begleitung zum halben Preis mit hinein."

Auf diese Weise wird der in Brasilien überall herrschende Frauenüberschuß noch unterstützt. Aber was wäre der Karneval auch ohne Frauen, die diese Zeit hemmungslos genießen? Der Exhibitionismus schlagt Purzelbäume. Ich brauche mich nur umzudrehen: Eine Venus läßt sich in der Sänfte tragen, ihr nackter Körper ist mit Goldstaub besprüht, ein goldenes Bändchen um die Hüften verschwindet zwischen den Beinen. Ihre Sinnlichkeit wird durch die lüsternen Blicke gekitzelt. Diese Venus genießt ihre Show.

Wohin ich auch blicke, Frauen, Frauen, lauter Frauen, Königinnen, Prinzessinnen, zauberhafte Feen, geheimnisvolle Sphinxe und frivole Kurtisanen. Die Männer sind die grauen Mäuse, die meisten als Piraten kostümiert. Sie sind schließlich auch auf dem Raubzug. Außerdem ist es für eine richtige Kostümierung viel zu heiß. Die Temperaturen bringen das Fest zum Überkochen.

Das Bunny neben mir wartet geduldig auf meine Antwort. Es ist völlig verständlich, daß ich mir erst einen Überblick verschaffen muß. Das Bunny ist auch nicht aufdringlich, es will ja mit mir nur eine verbilligte Eintrittskarte lösen. Ich nicke ihr zu: „Abgemacht."

„Ich heiße Sulma", sagt sie. Über ihre langen Beine spannen sich schwarze Netzstrumpfhosen, Federflaum schmückt das schwarze Bodytrikot, und am Popo baumelt eine neckische Pelzbommel. Ins Gesicht einen Katzenbart gekritzelt, und das Bunny ist perfekt.

Wir reihen uns in die Schlange vor der Kasse ein. Noch ein Lächeln, und wir unterhalten uns. Natürlich über den Karneval. Sulma hat im Gewühl ihre Freundin verloren, aber macht ja nichts. Vielleicht trifft man sich drinnen. Das ist nun mal so. Frauen, die zu zweit oder mehreren kommen, trennen sich wieder, sobald sie jemanden, also einen Mann, finden, mit dem sie gemeinsam eine Eintrittskarte erstehen.

Mit dem Faschingsverhalten in Deutschland ist das gar kein Vergleich. Wenn ich nur an das Geklüngel bei Bällen denke! Wie zwei Freundinnen die ganze Karnevalsnacht zusammenhalten wie Pech und Schwefel. Eine stützt die andere, beide machen sich gegenseitig Mut zum Flirten. Aber wehe, wenn es ernst wird! „Hilfe!" schreit schon die eine, „wo ist meine Freundin?" Und dann ist es aus mit dem Spaß.

„Was bist du eigentlich von Beruf?" frage ich Sulma.

„Ärztin."

Das kann ich gar nicht glauben. „Wie, so eine richtige Ärztin, die mit Medizin zu tun hat?" bohre ich nach.

Sulma lacht. „Ja, ich arbeite im Krankenhaus, in der Unfallstation."

Jetzt muß ich mich aber zusammenreißen, daß ich nicht versehentlich ihren Hintern betätschele und auch sonst anständig bin. Was würde sie sonst von mir denken, die Frau Doktor? Aber die denkt momentan nicht. Sie ist völlig gelöst. Nach einer Viertelstunde gelangen wir an die Kasse.

Ein Loch in der Mauer. Den Kassierer sieht man nicht. Nur seine Hand. Sulma gibt mir ihr Geld, ungefähr 25 Mark. Für mich kostet der Eintritt das Doppelte. Ich lege das Geld hin, eine Hand grapscht es weg. Aus dem Kassenloch sickert fahles Licht. Es kommt mir vor wie eine Szene aus dem Film „Metropolis". Wer sitzt hinter dieser Wand? Ein Roboter? Männer in Uniform? Eingekerkerte Kreaturen, zum Kartenverkauf verdammt? Aus dem Loch in der Mauer schiebt sich ein Ticket hervor. Eines für uns beide. Also müssen wir uns noch einmal gemeinsam in die nächste Schlange vor dem Eingang anstellen. Hinter massiven Gittern geschützt, sorgt eine halbe Armee von Kontrolleuren für Ordnung. Einer reißt das Ticket ab und fragt, wer noch dazugehört. Der nächste Aufpasser dreht an einem Stahlkreuz, das den schmalen Durchgang sichert. Noch zwei Kontrolleure, die auf einem Stuhl stehen, schleusen uns jetzt durch wie die Polizei an einer Kreuzung. Der Gang ist so schmal, daß man sich seitlich vorwärts bewegen muß. Was machen da die Leute mit einem dicken Bauch? Ich sehe keine. Ich sehe nur lauter schlanke Beine, Frauenbeine. Ja, gibt's hier überhaupt Männer, außer dem Ordnungsdienst?

Endlich sind wir drin. Sulma überkommen die ersten Tanzzuckungen. „Molto obrigada" – vielen Dank –, sie winkt und tänzelt davon.

„Sehen wir uns noch?" rufe ich Sulma nach. Aber die Band lärmt, und Sulma wird vom Sog fortgezogen.

„Siiii!" hallt es noch zurück. „Ich bin hier." Und weg ist sie. Verschwunden im Trubel.

Im Rausch der Sinne

Auf dem Tanzparkett toben gut zweitausend Menschen. Das Inferno. Oben an den Rängen hängen Menschentrauben. In dichter Reihe balancieren sie auch auf der brusthohen Mauer, die sich rund ums Parkett windet und die dahinterliegenden Logen abtrennt. Frauen, Frauen, überall Frauen, jeder Altersklasse, vom Teenie bis zur Omi. Manchmal tanzt die Omi noch wilder als das Jungvolk und trägt das aufregendere Kostüm.

Ich beobachte einen Knaben. Vielleicht fünfzehn oder schon sechzehn. Sehnsüchtig blickt er zu den Göttinnen hoch, die auf der Mauer sitzen. Schnell wie ein Dieb grapscht er plötzlich nach einem der endlosen, bestrumpften Beine. Verbotene Früchte? Er wird erwischt, und die Strafe folgt. Zwei der Straps-Königinnen nehmen ihn in den Schwitzkasten. Auf die Knie, du Sünder, und tanzen! Aber die Hände dabei schön unten lassen. Dann stellen die zwei Frauen in Siegerpose ihre Beine auf seine Schultern. Auch Triumph ist Lust.

Einen Block weiter tanzen im Gleichschritt drei Grazien auf dem Tisch. Ein alter Mann hängt sich allen dreien an die Hüften. Ein Fotograf taucht auf. Das wird ein tolles Bild, dieser Alte mit der Kapitänsmütze und freiem Oberkörper und dazu die drei Schönheiten. Aber Moment mal, wer wird denn gleich knipsen? Das Bild muß noch toller werden. Also bückt sich der Alte und küßt seine Grazien – auf den Hintern. Ein Bussi auf die linke Po-Backe, ein Bussi rechts, noch mal links und noch mal rechts. Der Fotograf hat längst seine Bilder, aber der Alte ist nicht zu bremsen. Karneval total.

Und jetzt klatscht man einer anderen Clique auf der Empore zu. Drei Mädchen haben sich von ihren Oberteilen befreit. Sie schwenken die Pailletten-Dinger in der Luft. Bravo! Zwei Jungs versuchen, die Galerie zu erklimmen, und viele Hände helfen ihnen. Die Körperpyramide wächst, und die zwei, die eigentlich hinauf wollten, stehen plötzlich selbst als Leiter da. Über ihre Rücken, Schultern und Köpfe klettern schon zwei andere Jungs hoch, hinauf ins Paradies. Ein Griff nach dem nackten Busen – Adam will Evas Äpfel pflücken.

Von der Empore lärmt die *banda,* von *bum-bum* angefeuert. *Bum-bum* ist ein neckisches Wort für den Hintern, und *banda* ist die Musikkapelle. Aber was hat dann *bum-bum* mit der *banda* zu tun?

Das Orchester spielt sechs bis sieben Stunden ununterbrochen durch, wohl ein brasilianischer Rekord, der nicht zu brechen ist. Die treibende Kraft dabei ist nicht nur der Sambarhythmus, sondern ein Phänomen, das ich auf zahlreichen Bällen beobachtet habe. Im Saal von Monte Libano zum Beispiel spielt das Orchester auf einem Balkon. Gleich daneben auf dem Rang bezieht eine ziemlich verrückte Riege wilder Frauen Stellung. Sie blicken in den Tanzvulkan herab, etwa wie die Walküren vom Rheinfelsen,

Alter Tiger beim Karnevalstreiben im Monte Libano

und tanzen, tanzen, tanzen. Ihre Bewegungen ähneln einem Ritual: Sie treten rhythmisch auf der Stelle und rotieren dabei mit ihrem Hintern, *bum-bum*, wie ein Kugellager. Je flotter die Band aufspielt, um so wilder kreisen sie mit ihren Hintern. Je wilder sich dieser sinnliche Körperteil dreht, um so heftiger bläst die *banda* ins Horn. Eine Rückkoppelung auf Samba-Art. Diese erotische Körperenergie macht Musik und heizt den Stimmungskessel an. In der Musikwissenschaft findet man darüber keine Erwähnung, nur in der Karnevals-Praxis kann man das am eigenen Leib erfahren.

Ich lasse mich einfach durch die Menge treiben, der beste Weg, um überall dabeizusein. Quer durch das brodelnde Tanzparkett, raus auf die Terrassen. Dort werden Getränke getankt: *cuba libre*. Zwei Karnevalsprinzessinnen in Perlenbikini lachen mich an. Einen Schluck Rum? Ja! Und noch einen. Der Becher ist leer, also hole ich schnell den nächsten Bon und eile zur Rum-Zapfsäule. Inzwischen sind die Prinzessinnen wieder verschwunden, und eine neue Teufelin sitzt mir schon im Nacken.

Ich habe meine Kamera dabei. Die Lust am Fotografieren wächst. Ein Wink genügt, und willig posieren sie alle: „Aber nein, nicht schon wieder, bitte keine Hintern mehr." Auf diesen Körperteil ist aber eine Brasilianerin am meisten stolz. Ich erinnere mich an eine Episode, als ich für eine deutsche Illustrierte eine Brasilianerin fotografieren sollte. Sie durfte laut Redaktionsanweisung nicht zu animalisch ausschauen, keine Brikett-Frisur haben, eher Rasta-Zöpfchen mit Perlen. Vor allem aber sollte sie schlank sein. Als ich endlich diesen europäischen Typ fand und sie auch zum Fototermin bestellte, waren meine brasilianischen Freunde enttäuscht: „Was, dieses Mädchen willst du fotografieren? Die hat doch einen ganz flachen Popo!"

Eigentlich steckt hinter der Popo-Verehrung ein heidnischer Kult: Das runde Symbol für die Mutter Erde, und im Karneval wird diesem Symbol ausgiebig gehuldigt. Und wo? Natürlich auf

Bum-bum treibt die Banda an und umgekehrt: das erotische Perpetuum mobile des Karnevals

den vielen Bällen und dem großen Karnevalsumzug.

Zu den größten Bällen gehört die „Nacht der Pantheras", zu der man im Raubtier-Look erscheint. Bei der „Hawaii-Nacht" wird im Jachtclub der Swimmingpool fast ausgelassen. Im seichten Wasser, das bis zum Bauchnabel reicht, tanzen die Badenixen selbstverständlich in glitzernden Badeanzügen aus Pailletten. Fast zwanzigtausend Fans drängeln sich beim „Schwarz-Weiß-Ball" ihres Fußballvereins Flamenco, und auch die Bankdirektoren kommen mit nacktem Bauch oder als Beduinen zum „Ball der Stadt Rio de Janeiro", den man im Show-Palast *La Scala* veranstaltet. Erst auf dem Tanzparkett, später auf den Tischen, tobt alles, was Beine hat. Und was für Beine! Olé-olá! Das Karnevalfieber erreicht aber seinen Höhepunkt bei „Eine Nacht in Bagdad". Da zieht man fast gar nichts mehr an. Lange Wimpern genügen, ein goldenes Dreieck an die entsprechende Stelle geklebt, so zeigt der Karneval nochmals seine gefährlichsten Krallen. Rette sich wer kann!

Wer dem großen Karnevalsumzug beiwohnen will, muß eine eiserne Kondition haben. Zehn Stunden lang knallt die Sonne erbarmungslos auf die Tribünen, an dem das bunte Volk vorbeirollt, gut hunderttausend Phantasiegestalten auf ihren geschmückten Wagen in einem Umzug. Manche Wagen sehen aus wie Marzipantorten, andere wie Traumschlösser, aber diese Bilder kennt man ja. Sie gehen alljährlich um die ganze Welt.

Für diese Parade wird ein ganzes Jahr lang gearbeitet, und kaum ist der Karneval vorbei, bereitet man den nächsten vor.

Samba, Fußball, Karneval, Grand Prix, Fernsehen, Lotterie. Es gibt viele Spiele in Brasilien. In die *escola de samba* zu gehen, ist wichtiger als in der Grundschule Schreiben und Lesen zu lernen. Die Vereinspräsidenten von Fußballclubs und Samba-Schulen haben mehr Einfluß als die Regierung. Das Volk glaubt seinen Idolen, aber nicht den Ministern.

Dies erklärt, warum sich in Brasilien das Volk weitgehend unpolitisch verhält. Es ist eben viel mehr an Spielen interessiert. Eine Revolution, so heißt es, wird erst dann ausbrechen, wenn jemand dem Volk seinen Karneval wegnehmen sollte. Aber das würde wohl niemand wagen. Also erträgt man das Elend des täglichen Lebens, ohne zu rebellieren.

Wenn ich die prachtvollen Karnevalsparaden sehe, muß ich an die Frauen denken, die in den armseligen, schmutzigen Baracken der Favelas die Traumkostüme nähen. Woher sie das Geld für diese Pracht herzaubern, bleibt das Geheimnis des Volkes. Zwar gibt es Zuschüsse von der Stadt, die Firmen spenden Millionen, aber die Armen sind es, die alles opfern, was sie haben, für diesen Rausch der Sinne.

Eigentlich glückliche Leute, möchte man meinen. Und das nicht nur beim Karneval. Auch an Silvester. Sollte es überhaupt ein Ereignis geben, das dem Karneval Konkurrenz macht, dann ist es die Silvesternacht in Rio. Die Hoffnung bekommt Flügel, und die Illusion regiert. Daß dabei auch seltsame Dinge passieren, liegt in der Natur Brasiliens.

Silvester – Macumba und Champagner

Die Copacabana ist hoffnungslos zugeparkt. Stoßstange an Stoßstange reihen sich die Omnibusse endlos hintereinander. Die Kennzeichen stammen von nahen Städten wie Belo Horizonte bis zu weitentlegenen Orten wie Curitiba, Aracatuba oder gar Campo Grande. Das sind immerhin rund vierundzwanzig Stunden Busfahrt bis nach Rio.

Es ist Silvester. Fast 10 000 Autobusse sind in Bewegung, um die Leute zu den Stränden zu fahren. Diesmal aber geht es weniger ums Baden. Es geht hauptsächlich um *macumba*, den aus Afrika überlieferten Voodoo-Kult. Von den vielen magischen Plätzen zieht die Copacabana die Menschen mit am stärksten an. Sogar Familien aus dem weitentfernten Bahia sind hergekommen und bereiten sich seit Mittag auf das große Ritual vor, das bei Sonnenuntergang beginnt.

Ich spaziere allein den Strand entlang. Die Temperatur ist auf 38° C geklettert. Musik plärrt aus den offenen Türen und Fenstern der Busse. Die Mitreisenden kampieren auf dem Bürgersteig, einige suchen nach Schatten im Gepäckraum des Wagens.

Überall werden Buden aufgebaut. Saftige Würstchen mit Peperoni in Tomatensauce werden angeboten, auf dem Holzkohlenrost duften Maiskolben – und es knarren die Räder der primitiven Preßmaschinen. Sie nudeln Zuckerrohr, dünn und grün wie Bambus, durch die Walzen. Ein wäßriger Sirup tropft in einen Plastikeimer. Es riecht süß und sticht zugleich in der Nase wie Essig.

Vor dem *Othon-Palace-Hotel* baut die TV-Station „Rede Globo" eine wahre Kraftwerkstation auf. Eine Burg aus Lautsprechern wie bei einem Open-air-Festival. Die Discjockeys fahren abwechselnd eine Probe: Die Bässe knallen wie spaltende Eisblöcke, die satten Mittelfrequenzen haben klirrende Spitzen, vom Sound verstehen die Brasilianer jede Menge. Wo alemannische Tonmeister in Mainz vielleicht ängstlich zurückpegeln würden, wird in Rio erst richtig aufgedreht. Alle Dezibelzeiger im roten Bereich, so wie ein Drehzahlmesser, bevor der Motor explodiert.

Die Musik peitscht zum Strand hinunter: Diana Ross und die „Scorpions". Über ein Jahr hält sich diese Rockband aus Hannover schon in der Hitparade. Ihr Hit „Still loving you" fließt wie Öl ins Ohr, und die Moll-Melodie sticht ins Herz. Sie verfehlt nicht die Wirkung. Man wird sogleich sentimental, zudem sich die Schatten an der Copacabana ebenfalls melancholisch verlängern. Bald bricht jenes berühmte Zwielicht herein, und über den Sand legt sich die weiche Watte von Wassergischt.

Da schließen sich die Leute schon enger zusammen, und alle blicken zum Meer. Man spürt die wachsende Spannung der fortschreitenden Stunden: Ein Jahr geht zu Ende. Mir ist, als würde sich plötzlich das menschliche Gehirn an den Magnetismus der Erde anschließen. Die kosmische Zeit beginnt in einem zu ticken. Man sucht Anschluß zu höheren Wesen, vielleicht zur Ewigkeit.

Ich verlangsame meine Schritte, bleibe stehen und starre auch zum Meer hinaus. Die geschärften Sinne melden fremde Frequenzen. Die ganze Situation erscheint unwirklich, da wechselt kurz die akustische Kulisse. Ein Samba-Truck donnert im Hintergrund vorbei, ein Lastwagen vollbeladen mit Lautsprechern. Der Wagen selbst ist zur allegorischen Coca-Cola-Flasche umgewandelt, oben draufgeschraubt eine Plattform mit Musikern: Die trommeln wie zum Karneval, aber es klingt doch anders. Der Rhythmus steigt nicht in den Körper, sondern zieht die Seele heraus. Sie möchte davonflattern. Genauso wie der dauernde Blick aufs Meer die Seele in die Ferne lockt.

Erstaunlicherweise stört dieser Samba-Blitz nicht die Konzentration auf das Kommende. Man hat längst die innere Uhr an den Count-down mit dem Jahreswechsel geschaltet.

Neben mir beginnt eine Familie sich im Sand einzurichten. Großmutter, Vater, Mutter und drei Kinder. Sie haben vorher ein Dutzend Tüten zum Strand geschleppt und packen langsam aus: Kerzen, Blumen, Flaschen und viele, viele kleine Schachteln, in silbriges Stanniol gehüllt.

Die älteste Tochter, mit hüftlangen, pechschwarzen Haaren, hat sich in den Sand gekniet. Die Großmutter halbiert mit dem Messer mehrere gelbe Mangos. In den schwarzen Kernen spiegeln sich die letzten Strahlen der sinkenden Sonne. Sie glitzern wie Diamanten. Nun reicht der Vater die Früchte der knienden Tochter, sie ordnet sie paarweise in zwei Reihen, von Kerzen flankiert. Diese Prozedur verläuft mit äußerster Konzentration, und ein Häuflein rundum gruppierter Zuschauer schaut ebenfalls schweigend zu.

Der heidnische Altar wächst unter den Händen der zwei Buben an. Sie schichten aus Sand einen Hügel auf, in den die Großmutter sorgfältig Blumen hineinsteckt. Weiße Gladiolen, die Neujahrsblumen. Auch die Familie trägt weiße Kleider.

Die *tenda*, der heidnische Altar, wird langsam fertig. Als letzte Kulthandlung wird noch ein spezielles Öl über die Früchte gegossen. Angezündet werden sie erst später, jetzt flackern nur die Kerzen in der leichten Meeresbrise. Keine erlischt, was eigentlich überrascht, weil es ganz normale Kerzen sind.

Plötzlich läuft es mir eiskalt über den Rücken. Die gestrige Nacht fällt mir ein. Ich fuhr schon ziemlich spät nach Mitternacht mit meinem offenen Buggy durch die Altstadt, durch enge Gassen, an dunklen Häusern vorbei. Die Straßenlaternen warfen nur müdes Licht aufs Plaster, das nach einem kurzen Regen

Brennende Kerzen signalisieren Macumba-Rituale am Strand von Copacabana

glänzte. Es war sehr windig. An einigen Ecken brannten kleine Feuerchen, Kerzen oder Ölfunzeln. Daneben lagen kleine Opfergaben: Blumen, Stanniolpäckchen und Schaumweinflaschen einer Marke, die offenbar die brasilianischen Götter und Geister bevorzugen, denn es klebten immer die gleichen Etiketten an den Flaschen.

Und dann kam diese Kreuzung. Ich hatte Grün, bremste aber, ohne zu wissen, warum – trotzdem. Erst leicht, dann voll. Mitten auf der Fahrbahn kauerte ein Schatten von einem Menschen, der seelenruhig seinen Kerzenaltar anzündete. Es waren Hunderte von Kerzen. Erst einmal angesteckt, flammten sie tapfer, dem Wind zum Trotz. Der pfiff und tobte um die Ecke und fegte die Papierfetzen vor sich her. Leere Zementsäcke flogen über die Straße, Coladosen kugelten den Rinnstein entlang, ich hörte das klirrende Bersten einer Fensterscheibe. Sogar mein Auto wackelte im Sturm wie eine Postkutsche bei einer Wüstenfahrt, nachdem ich stehengeblieben war. Nur die Kerzenflammen stiegen schnurgerade empor.

Nachdem all die vielen Kerzen brannten, schlich der Schatten davon. Ich konnte bei der schlechten Beleuchtung den Menschen nicht richtig erkennen. Vielleicht war es der Teufel persönlich.

Aus meinen Betrachtungen schreckte mich eine Vollbremsung auf. Ein Taxifahrer kam aus der Seitenstraße angeschossen, und ich hatte völlig vergessen, daß ich mitten in der Kreuzung stand, so stark faszinierten mich diese ruhig brennenden Kerzen. Der Taxifahrer kurbelte das Fenster herunter – und schimpfte nicht. Er meinte nur freundlich: „Senhor, Ihre Rücklichter brennen nicht." Dann fuhr er weiter. Auch ich gab Gas und lobte meinen Schutzengel, der hier in Brasilien ganz schön gestreßt ist.

Das Phänomen der brennenden Kerzen im Wind habe ich auf meine besondere Liste geschrieben: Dinge, die nicht zu erklären sind.

„Haben Sie Feuer?"

Erschreckt drehe ich mich um. Diese verdammte *macumba!* Allmählich erliegt man tatsächlich dem Aberglauben. Aber nein, es ist nur ein schwedisches Ehepaar. Der Mann will seine Zigarette anzünden und vermutet in mir seinesgleichen, einen Touristen.

Komisch, obwohl die Einheimischen freundlich sind, bleiben alle Fremden doch immer mißtrauisch. Ob es nun darum geht, daß jemand auf die Badeschlappen kurz aufpassen soll, während man sich in die Fluten stürzt, oder man nach der Uhrzeit fragt, immer hält man erst nach einem Touristen Ausschau. So geht es auch diesen Schweden. Und obwohl überall Feuerchen lodern, bitten sie ausgerechnet mich, den Nichtraucher, um Feuer. Ich wende mich kurzerhand an die Macumba-Familie: „*Tem lume?*" – Haben Sie Feuer? Man gibt mir höflich die Streichhölzer.

Das überrascht die Schweden. „Ich hätte mich nicht getraut, die Leute bei ihrem Ritual zu stören", sagt der Mann.

Aber man stört sie nicht, solange sie sich nicht in Trance befinden. Inzwischen gibt es jedoch schon mehrere Personen, die in diesen Zustand eingetreten sind.

Eine ältere Frau kniet im Sand und murmelte geistesabwesend unverständliche Sprüche hinaus aufs Meer. Zwei junge Frauen stützen eine Greisin, die sich in der starken Strömung und im Treibsand nicht mehr halten kann. Zu den verschiedenen *macumba*-Ritualen gehören nämlich auch Taufen.

Den Ablauf der *macumba* bestimmt jeder für sich selbst, es gibt keine festgelegten Regeln. Nur die Hingabe ist allen gemeinsam, wie sie im seichten Wasser warten und den Wellengang erkunden, um dann den richtigen Augenblick zu erwischen und die Blumen, die sie mit ihren heimlichen Wünschen versehen, als Opfergabe ins Meer werfen. Sollten die ersten Wellen die Blumen hinaustreiben ins weite Meer, gehen die Wünsche in Erfüllung. Spült aber das Wasser die Blumen zurück, so heißt es: Die Götter haben die Opfergabe nicht angenommen.

Aber es gibt noch lange keinen Grund zum Verzweifeln.

Warten auf die Glückswelle – die Hoffnung bekommt Flügel

Vielleicht nimmt die nächste Welle die liegengebliebenen Blumen wieder mit. Deshalb dreht man nach einem mißglückten Wurf dem Meer den Rücken, läßt Tulpen, Rosen, Nelken einfach Blumen sein, murmelt irgendwelche Sprüche vor sich hin und tut, was man eigentlich hier am Strand tun sollte, nämlich einen kräftigen Schluck *caipirinha* zu sich zu nehmen oder einen Schluck Bier, *stupidamente bem gelado* – irrsinnig kalt.

So ein Bier trinke ich jetzt. Die zwei netten Schweden haben mich eingeladen. Und sie haben auch eine Tochter. Ungefähr achtzehn Jahre jung. Ihre blonde Mähne sorgt für ziemliches Aufsehen. Zumindest drehen sich alle diese athletischen farbigen Jungs nach ihr um, und auch die schönen, bronzenen Mädchen bewundern sie anerkennend. So ist das nun mal in Brasilien: Man versteht es, sich über Schönheit zu freuen. Schöne Natur, schöne Menschen, gute Laune, alles hängt zusammen.

„Prost!" – „Saude", erwidere ich auf portugiesisch. Wir heben die Bierdosen hoch. „Feliz ano novo", wünscht man sich schon am Silvesterabend feierlich. Und übrigens: „Sie heißt Birgitta", stellen die Eltern ihren blonden Engel aus Stockholm vor.

Birgitta und ich beginnen über die Silvester- und Neujahrsbräuche der Brasilianer zu plaudern. Dabei schlendern wir samt elterlicher Aufsicht weiter am Strand entlang. Die Samba-Trucks pendeln auf und ab. Der Akustik-Koloß der „Globo"-Mannschaft dröhnt, als wolle er mit seinem Sound die Segelschiffe antreiben.

Die nähern sich allmählich der Küste. Dutzende von Booten in verschiedenen Ausführungen und Größen: von kleinen Fischerkuttern bis zu Luxusjachten der Kashoggi-Klasse. Ein faszinierendes Bild, denn an Bord dieser Schiffe brennen ebenfalls *macumba*-Feuerchen.

Die untergehende Sonne drängt ihre letzten Strahlen über den Horizont, und Birgittas blonde Haare schimmern darin wie Gold. Wir sind uns da völlig einig: In Rio gibt es das schönste Silvester der Welt!

Um uns herum knallen die Sektkorken jenes Schaumweines, den man für die Götter in die Meereswellen verspritzt. Wir schauen diesen Ritualen zu, bis eine größere Menschenansammlung unsere Aufmerksamkeit auf sich zieht. Eine Gemeinschaft aus Bahia, mit dem Bus über dreißig Stunden lang angereist, schlägt gerade ihre Zelte auf. Mit ausladenden Baldachinen beschlagnahmen sie dafür ein ganzes Territorium und grenzen es mit Pfosten und Schnüren ab. Unter dem Zeltdach stellen sie einen riesigen Altar mit mehreren hundert Blumen und noch mehr Kerzen auf.

Einige der Gruppe sind damit beschäftigt, ein Schiff klarzumachen, besser gesagt ein etwa ein Meter großes Modell. Es ist ein Zweimaster mit Papiersegeln und einem wunderschön geschmückten Deck. Zwischen roten Rosen und Stanniolschmuck thront eine Madonnafigur.

Wir gehen näher heran und bleiben dann andächtig stehen. Ein mächtiger Bahianer erhebt sich, ein fast zwei Meter langer Bursche mit der Körperstatur einer altgriechischen Statue. Die

Muskeln arbeiten sichtbar unter seiner dunkelbraunen Haut. Er schreitet zum Altar, schultert das Schiff und trägt es zum Meer. Mutig stemmt er sich gegen die Wellen, die mächtigen Brecher der Copacabana, die manchem Urlauber schon den Grund unter den Beinen wegriß und ihm gefährliche Verletzungen zufügten. An manchen stürmischen Tagen wagen es nur ganz geübte Wellenakrobaten, schwimmen zu gehen. Die tragische Opfer-Bilanz der Copacabana liegt während der Hochsaison bei zwei Ertrunkenen pro Woche.

Wir beobachten, wie vorsichtig der schwarze Adonis aus Bahia den Wellen entgegensteuert. Die gesamte Bahia-Gemeinschaft hält den Atem an. Die alten Frauen bewegen die Lippen im stummen Gebet, die Kinder drücken sich an ihre Mütter. Die Männer heften den Blick auf die nächsten Wellen.

Schon steht der Adonis bis zur Hüfte im Wasser, noch balanciert er geschickt sein Schiff. Auch die nächste Welle meistert er mit der Bravour eines Seiltänzers. Das Wasser spült über seine Schultern hinweg und überschwemmt seinen Kopf, aber die Hände ragen über die Wellen hinaus und stemmen das Schiff sicher über die Gefahr.

Fast! denke ich. Bald muß er es geschafft haben! Aber im selben Augenblick erhebt sich das Meer erneut. Die Welle wächst. Der Bahianer steht nunmehr bis zur Brust im Wasser. Was macht er nun?

Er versucht, die Welle zu unterschwimmen. Samt Boot. Gelingt es ihm, geht sicherlich die Takelage drauf, aber der Rumpf kann den offenen Atlantik erreichen. Mehr als hundert Menschen richten nun alle ihre Wünsche an dieses Schiff. Die Spannung wächst. Die Welle bildet schon das gefürchtete Halbrohr, und die Spitze bricht unmittelbar über dem Bahianer zusammen. Mit tosendem Geräusch, laut wie ein Kanonenschlag, wird das *macumba*-Schiff zerschmettert. Es war ja nur wie eine etwas größer geratene Streichholzschachtel, und so wird es auch zertrümmert. Wie von einer Riesenfaust. Die nächste Welle spuckt die Holzsplitter aus, auch ein paar Papierreste und zerfetzte Blumen schwimmen an Land.

Es ist ein merkwürdiges Gefühl, etwas unheimlich. Die Leute aus Bahia stehen betroffen da, die Frauen wischen sich die Tränen aus den Augen, die kleinen Kinder verstecken die Köpfe in den weißen Spitzenröcken ihrer Mütter, als wollten sie jetzt die Welt nicht mehr sehen. Die Untergangsstimmung greift auch auf uns über.

Was waren wohl die Wünsche dieser abergläubischen Bahianer? Sicherlich nur die einfachsten Dinge des Lebens. Gesundheit, Liebe und vielleicht ein bißchen Geld. Was wird nun das neue Jahr bringen, nachdem das Schiff der Hoffnung strandete? Die Leute schweigen. Auch wir gehen wortlos weiter.

Nach etwa fünfzig Metern ändert sich die Szene völlig. Hier hat sich ebenfalls eine Gemeinschaft aus Bahia zusammengefunden, ein ähnliches Zelt, blau-weiß gestreift, wurde errichtet, die Kerzen

Familien aus ganz Brasilien fahren zur Silvester-Macumba nach Rio

am Altar brennen. Die Leute sind in *macumba*-Trance versunken, einige kauern am Boden, ihre Körper wiegen sich in monotonem Rhythmus. Eine Gruppe tanzt.

Plötzlich springt wie der Teufel aus der Schachtel vor uns ein Tänzer auf. Seine Hautfarbe ist sehr dunkel, seine weißen Zähne blitzen im Dämmerlicht, sein Augenweiß leuchtet wie der Mond. Der Mann grinst und schaut mit hypnotisierend intensivem Blick in Birgittas Augen. Sie bleibt stehen, scheint stark beeindruckt zu sein. Langsam beginnt sie, mit den Hüften zu kreisen so, wie der monotone Rhythmus der Trommel den Takt diktiert.

Der schwarze Mann tanzt vor Birgitta und zaubert aus den Händen eine handgedrehte Zigarette, fast eine kleine Trompete. Ein langer Zug daraus läßt die Glut rot aufleuchten. Der Magier bläst den Rauch direkt Birgitta ins Gesicht. Dazu zieht er mit den Armen beschwörerische Kreise. Birgitta tanzt und folgt dem Tänzer in die Mitte der Gruppe.

Die Eltern schauen mich an. Wir finden diese Begegnung mit dem *macumba*-Tanz interessant und lustig. Halb Folklore, halb Kasperltheater, auf jeden Fall ein unverfälschter Kontakt mit den Einheimischen. Der Silvesterzauber wirkt auf uns wie ein Märchen.

Birgitta tanzt mit immer mehr Leidenschaft in ihren Bewegungen. Sie scheint einer Trance nahe und von einer Verzückung nicht mehr weit entfernt zu sein. Sie fährt mit den Händen durch ihr langes Haar, kippt den Kopf tief nach hinten. Die Bahianer verfolgen jede ihrer Bewegungen mit suggestiven Blicken. Der Ruf der Trommel wird stärker, der Rhythmus beschleunigt sich. Inzwischen bricht die Dunkelheit herein. Die hellen Fenster der Häuserfront leuchten in die Nacht, auf dem Turm des *Meridien-Hotels* flimmert ein Leuchtchristbaum, der aus Tausenden von kleinen, farbigen Glühbirnen, girlandenförmig über dreißig Stockwerke angeordnet, besteht.

Am Strand flackern unzählige Kerzen, und auf der schwarzen

Meeresoberfläche spiegeln sich die beleuchteten Boote. Das Nirwana hat sich geöffnet, und Birgitta scheint von uns keine Notiz mehr zu nehmen.

„Wie lange tanzt sie denn schon?" fragt plötzlich der Vater.

„Sollten wir nicht lieber gehen?" sorgt sich die Mutter. Ich schrecke aus meinen Gedanken auf. Tanzt sie nun schon eine halbe Stunde oder mehr? Man verliert leicht das Zeitgefühl.

„Hallo, wir wollen gehen!" rufe ich zu Birgitta hinüber. „Kommst du mit?"

Keine Antwort. Birgitta reagiert auch auf die Zurufe ihrer Eltern nicht. Allmählich werden wir unruhig.

„Sie hätten es doch wissen müssen", wirft mir der Vater leise vor. „Die Sache ist doch nicht so harmlos."

Wir rufen lauter und eindringlicher: „Birgitta, Birgitta, komm!"

Doch für Birgitta existieren wir nicht mehr. Die Bahianer haben inzwischen den Kreis um sie enger und dichter geschlossen, und ich begreife die Lage. Wir dürfen keinen Augenblick mehr zögern. Diese Leute sind uns nicht freundlich gesonnen.

Die Eltern packt Panik. Die Einheimischen rücken uns näher, einige haben schon gründlich *cachaca*, den Zuckerrohrschnaps, gebechert. Ihre Augen glänzen feindselig. Weit und breit ist kein Tourist mehr zu sehen. Wir sind ganz allein. Ich rede auf einen Mann aus dem Bahia-Stamm ein. Zwecklos. Wir stecken mitten in einem *macumba*-Rausch. Die meisten der Bahianer haben bereits die Kontrolle über sich verloren.

Ich blicke zum Lichtermeer der Häuserfassaden. Vielleicht dreißig, vierzig Meter entfernt beginnt gerade im Hotel *Copacabana Palace* der größte Silvesterball der Stadt. Glanzpolierte Autos fahren vor, die elegante Gesellschaft steigt die Treppen im Flutlicht empor. Die Terrasse bevölkert der Jet-set und die Stars von Rio. So nah und doch eine völlig andere Welt. Die zivilisierte Welt. Wir dagegen sind umgeben von Heiden, stecken mitten in einer Welt der Naturinstinkte und finsteren Aberglaubens. Das Afrika der Sklaven ist wiedererwacht.

Wir müssen sofort weg, bevor es zu spät ist!

Nun bleibt nichts anderes übrig, als die Ellbogen zu benützen. Versuche, Hilfe zu holen, sind aussichtslos. Über zwei Millionen Menschen tummeln sich an der Copacabana, entfesselt, unberechenbar geworden. Der eine ist freundlich, der andere hat das Messer in der Faust. Die Hölle hat sich aufgetan, der Hexenkessel brodelt.

Ich kämpfe mich mit Birgittas Vater durch. Die Mutter ist verzweifelt, und unverhüllt gibt sie jetzt mir die Schuld. Doch im Augenblick ist das egal, Erklärungsversuche sind überflüssig. Birgitta ist einer Ohnmacht nahe. Wir zerren sie aus dem Hexenkreis. Sie wehrt sich nicht. Sie ist völlig willenlos. Ich spüre es, als ich ihre Hüften anfasse. Zusammen mit ihrem Vater kann ich sie wegtragen. Werden die Einheimischen eingreifen?

Ich sehe nur ihre Augen funkeln. Finstere Blicke streifen mich. Mir schießt das Bild vom gestrandeten, zerschellten *macumba*-Schiff durch den Kopf. Alle haben es mitverfolgt. Hoffentlich haben sie Birgitta nicht als Opfer ausgesucht, um die Götter wieder zu versöhnen.

Birgitta ist in ihrer Trance schön, wunderschön. Einen Augenblick zweifle ich daran, daß uns die Rettung gelingt, aber dann merke ich, daß der Magier, der Birgitta verhext hat, selbst völlig in Trance ist. Mit nicht mehr ganz koordinierten Bewegungen schüttelt er sich, dreht sich auf der Stelle, stößt gepreßte Rufe aus. Wir müssen nur schnell aus dem Bannkreis der Bahia-Gruppe ausbrechen. Schon in der Nachbarschaft ganz in der Nähe herrscht ein anderer Geist. Samba- und Disco-Musik klingt zu uns herüber. Die spornt uns an. Birgitta leistet keinerlei Widerstand, nimmt uns immer noch nicht zur Kenntnis. Ihre Augen sind geschlossen, und das macht den Eltern Angst.

Endlich haben wir es geschafft, Birgitta aus dem Ritualkreis herauszuzerren. Gott sei Dank, die Einheimischen haben doch nicht eingegriffen. Wir legen das Mädchen in den Sand. Die Mutter streichelt ihr die Wangen und will sie ins Bewußtsein zurückrufen. Ich renne über die Straße, um aus einem Café Wasser zu holen. Zwei Flaschen gießen wir ihr über den Kopf, und allmählich kommt sie zu sich. Ein Schluck Wasser noch. Birgitta öffnet die Augen.

„Was ist los?" fragt sie ahnungslos.

„Der Schwarze hat dich hypnotisiert, du warst völlig weggetreten."

„Was ist passiert?" Birgitta begreift immer noch nicht.

„Sie muß schleunigst ins Hotel", beschließt der Vater. „Gehen wir."

Birgitta schaut mich nicht mehr an. Ich habe mich für sie in Luft aufgelöst. Auch die Eltern würdigen mich keines Blickes. Sie eilen davon, und ich fühle mich irgendwie erleichtert. Der böse Alptraum ist verschwunden.

War die Situation wirklich gefährlich, oder habe ich mir das nur eingebildet? Ich werde morgen meine brasilianischen Freunde fragen, aber jetzt will ich mir keine Gedanken mehr darüber machen. Die Musik lärmt, und die Böller knallen. Die Cariocas können Mitternacht nicht erwarten und verschießen ihr Pulver schon jetzt. Die Luft ist zum Schneiden dick. Die Rauchschwaden von den Feuerwerkskörpern vernebeln die Straße. Die „Globo"-Station powert volle Pulle. Samba und Disco. Die Lautsprecher-Trucks lassen ihre Soundturbinen ebenfalls auf Voll-Leistung arbeiten. Noch mehr Samba und Disco.

Nur langsam schiebe ich mich durch die Massen. Die restlichen zwanzig Meter vor dem *Copacabana-Palace-Hotel* arten in einen Kampf um jeden Meter aus. Ich habe eine Einladung zum Silvesterball, und ich möchte mich noch duschen und umziehen. Es ist höchste Zeit. Das Mitternachtsfeuerwerk darf ich nicht verpassen.

Die Silvester-Hochburg, das Hotel Copacabana Palace, wo die gute alte Zeit stehengeblieben ist

Punkt Mitternacht stehe ich auf der Terrasse vom *Copacabana Palace,* einem der begehrtesten Ehrenplätze. Da gehen einem die Leuchtraketen direkt vor der Nase hoch, und es öffnet sich ein grandioses Panorama. Das Lichttheater wird zum interplanetarischen Happening. „Feliz ano novo" zündet ein Kometenschweif auf dem Gerüst vor der Hotelfassade. „Ein glückliches neues Jahr." Die sprühenden Funken schreiben die Zahl 86.

Auf der Hotelterrasse balancieren livrierte Kellner massive Silbertabletts mit schäumenden Champagnerkelchen. Schnell, schnell, damit sich die prickelnde Schaumkrone nicht verflüchtigt. Prost! Hier oben stehen die Reichen und blicken herab auf die Armen. Und von ganz, ganz oben beobachten sie die Ärmsten der Armen. Die sitzen hoch auf den Berghängen in ihren Favelas und blicken über das ganze Rio – so wie Gott. Damit trösten sie sich auch. Sie sagen: „Der Herrgott muß die Armen sehr lieben, daß er sie an dem schönsten Ort der Erde leben läßt."

Nein, über solche Volksreime sollte man nicht nachdenken. Nur philosophieren mit dem liebenswürdigen Generalmanager vom *Copacabana Palace*, Signor Ferenc. Er ist ein hochgebildeter Grandseigneur, der hier ein Welttheater inszeniert, das alljährliche Fin de siècle. Er kann sich von den guten alten Zeiten nicht trennen, und so blieb auch dieses Grandhotel eine unwirkliche Insel. Das tatsächliche Leben tobt eine Etage tiefer auf dem Straßenpflaster. Dort beklatschen die Leute begeistert das Feuerwerk. Hier oben wird die nächste Runde Schampus bestellt.

Achtung, da beginnt schon die Konkurrenz! Nun ist das *Rio-Palace-Hotel* an der südlichen Copacabana-Flanke dran. Gelingt es denen, die Show vom *Copacabana Palace* zu übertreffen? Nein, die Kanonade vom *Meridien-Hotel* feuert schon entgegen. Die Euphorie erreicht ihren Siedepunkt. Alle Sorgen sind vergessen. Die Leute fallen sich um den Hals. Ein glückliches Neujahr! Das wird es ganz bestimmt. In ein paar Tagen beginnt ja der Karneval . . .

Am Neujahrstag finde ich im „Journal do Brasil" ein paar Zeilen, sorgfältig in der Rubrik der Kleinmeldungen versteckt. Nach dem Wasserstand des Rio Sao Francisco, den Meeresgezeiten in Salvadory steht die Silvesterbilanz: „120 Kinder vermißt . . ., sechs Tote . . ., unzählige Diebstähle . . ."

Mit eigener Überschrift berichtet ein Artikel über den Schweizer Touristen Hans R., erstochen in der Rua Barata Ribeiro, drei Häuserblöcke hinter dem *Copacabana Palace*. Der Mann hatte noch zwanzig Dollar bei sich, als er eine Kneipe verließ.

Macumba am Amazonas

Der Fahrer drückt aufs Gas. Die Scheinwerferkegel bohren sich in die Dunkelheit. Schwärme von Moskitos zerplatzen an der Frontscheibe unseres VW-Käfers. Bald bildet sich eine widerliche, vom Scheibenwischer ekelhaft verschmierte Blutmasse. Doch Manuel, so heißt der Fahrer, kennt die Strecke gut. Sie ist asphaltiert und führt vom Flughafen direkt in das Zentrum von Manaus, dem Ausgangspunkt meiner geplanten Amazonas-Ausflüge. Manuel schweigt, aber an seiner Fahrweise kann man erkennen, daß er sich nicht wohl fühlt.

„*Motorista um poco mais devagar*", sage ich, um ihn zu etwas langsamerem Fahren zu bewegen. Zwar gewöhnt man sich in Brasilien an das waghalsige Herumkurven, aber im Moment sehe ich nicht ein, warum wir rasen sollen, zudem der Moskito-Brei auf der Scheibe die ganze Sicht verwischt.

„Heute ist Mittwoch", gibt sich Manuel wortkarg.

„Na und?"

„*Macumba*", erwidert Manuel, und sein Gesicht bekommt einen ernsten Ausdruck.

Jetzt weiß ich plötzlich, was die kleinen Feuerchen im Urwald bedeuten. Heute ist Mittwoch, die Einwohner von Manaus sind nach Einbruch der Dunkelheit aus der Stadt herausgefahren, zu den dichtbewachsenen Ufern des Amazonas. Die Autos parken sie im Busch, und dann werden die *macumba*-Altäre hergerichtet. Sie graben Löcher in die Erde und zünden dort kleine Opferfeuer oder Kerzen an. *Macumba* ist ein Familienritual, bei dem alle versammelt in der Hocke kauern, unverständliche Sprüche vor sich hinmurmelnd. Im Ernstfall muß natürlich eine *macumbiera* her, eine Art Heidenpriesterin und Hexe zugleich, eine Eingeweihte in die Geheimnisse der *macumba*. Das kostet wie jede andere Dienstleistung Geld. Je nach Zweck der *macumba* sogar viel Geld, aber dementsprechend ist auch die Wirkung, glaubt das Volk.

Auch Manuel scheint davon überzeugt zu sein, und allmählich überkommt mich bei dieser Fahrt ein seltsames Gefühl. Manuel schweigt, und ich starre in die Dunkelheit. Die flackernden Feuerstellen beginnen mich magisch anzuziehen. Am liebsten würde ich jetzt anhalten, aber Manuel protestiert sehr entschieden: „Nein, völlig unmöglich! Wer eine *macumba* stört, kann den Unmut einer ganzen Familie auf sich ziehen. Vor allem bei einer *macumba negativo* ..."

„*Negativo?*"

„Ja", erwidert Manuel, „da werden die bösen Geister beschworen. Sie bringen einem Feind Krankheit oder sogar den Tod – und heute ist der Tag für *macumba negativo*."

Allmählich wird es mir in unserem Wagen zu stickig. Die Fenster sind ja auch geschlossen. „Warum eigentlich bei dieser Hitze?" überlege ich und beginne das Seitenfenster herunterzukurbeln, um mich im Fahrtwind etwas abzukühlen. Das Hemd klebt mir am Körper, und von der Stirne rinnt mir der Schweiß. Es können schon an die 40 Grad im Wagen sein. Aber als ich das Fenster einen kleinen Spalt öffne, erschrickt Manuel.

„No! No!" wehrt er heftig ab. „Kein Fenster aufmachen. Heute nacht schwirren überall böse Geister herum, und durch ein offenes Fenster kann einer herein." Manuel schüttelt sich. „Das bringt Unheil. So ein Geist nistet sich im Auto ein, und dann fährt das Auto nicht mehr – oder noch schlimmer, es gibt einen Unfall ..."

Ich muß lächeln, denn ich finde Manuels Ausführungen, ernsthaft wie er sie vorträgt, durchaus amüsant, aber ich will den Armen nicht verunsichern, schließlich sind es bis zur Stadt nur noch etwa zehn Kilometer. Also kurble ich das Fenster wieder hoch.

Um auf andere Gedanken zu kommen, bitte ich Manuel, das

Autoradio einzuschalten. Er dreht den Knopf, aber es kommt keine Musik. Plötzlich knallt es fürchterlich, und der Wagen beginnt zu schlingern: Reifenpanne. Wären wir schneller gefahren, hätten wir uns vielleicht überschlagen, denn Manuel steigt erschrocken voll auf die Bremse. Der Wagen dreht sich um sich selbst. Manuel krampft sich am Lenkrad fest, das kaum noch reagiert, was bei dem Zustand des Autos weiter nicht verwunderlich ist. Nach einigen Schrecksekunden bleiben wir am Straßenrand stehen – unmittelbar vor einem Loch. Müde flackert darin eine Ölfunzel, und im Qualm flattern, von der warmen Luft getrieben, ein paar schwarze Hühnerfedern. Die Stelle ist schon verlassen. Rundum verstreut liegen verbrannte Hühnerkadaver, ein versengter Hahnenkamm und ein Hasenlauf neben einem verkohlten Foto, auf dem das Bild nicht mehr zu erkennen ist.

Manuel steht wie versteinert neben mir und stiert ins flakkernde Loch.

„Macumba negativo", murmelt er und beginnt, das Loch mit dem Fuß zuzuscharren. „Böse, böse", murmelt er. „Da hat man jemandem gewünscht, daß er unheilbar krank wird und stirbt."

Nicht daß mich dieser Aberglaube sonderlich beeindruckt, aber so ganz geheuer ist mir in diesem Moment trotzdem nicht. „Wenn das alles nur ein Trick ist", schießt es mir durch den Kopf. „Ein paar Nägel auf die Straße gestreut, und nun lauern die Straßenräuber im Busch und können jeden Augenblick über uns herfallen..." Ich denke an meine Kameraausrüstung, an mein Geld, das für die nächsten drei Wochen im Amazonasgebiet reichen soll. Es wäre ziemlich ärgerlich, wenn...

Aber weiter denke ich nicht mehr, denn plötzlich beginnt das voll aufgeblendete Autolicht zu flackern. Klar, Manuel hat vergessen, es abzuschalten, und von der starken Luftfeuchtigkeit geschwächt, gibt die Batterie schnell ihren Geist auf. Den Reifen wechseln wir in völliger Dunkelheit, und anschließend müssen wir das Auto anschieben. Nach etwa zwanzig Metern beginnt der

Heckmotor zu blubbern, und ich atme erleichtert auf. Auch die Scheinwerfer glühen nach einer Weile wieder, zwar nur trüb wie ein Eulenauge, aber für Manuel reicht es. Diesmal lasse ich ihn gründlich Gas geben. Ich kann es ihm nicht verübeln, daß er nichts wie schleunig weg will. Irgendwie fühle ich mich an der Panne schuldig. Ich habe das Fenster aufgemacht und damit offenbar einen bösen Geist eingefangen. Aber so ganz böse war er doch nicht. Er ließ uns mit einem Platten davonkommen. Wenn ich überlege, was er uns sonst noch alles hätte einbrocken können, muß ich meinen Schutzengel loben.

Manaus, die Stadt der Gummibarone

Am nächsten Morgen bin ich schon vor Sonnenaufgang wach. Vier Stunden Schlaf genügen. Die innere Uhr funktioniert, weil ich aufgeregt bin: Heute also werde ich den legendären Amazonas sehen. Ein magischer Name, verknüpft mit abertausend Geschichten, die ich schon als Kind gierig gelesen habe.

Ich schaue aus dem fünften Stock des Hotels *Central* aufs Zentrum von Manaus hinab. Nicht nur der Dschungel ist grün, sondern jetzt in der Morgendämmerung die ganze Stadt. Wie mit einem grünen Tüllvorhang verschleiert, ähnelt sie einer Theaterkulisse.

Das „Theatro Amazonas" beherrscht das Panorama. Ein kastenförmiges Gebäude, dessen Vorbild aus Europa stammt. Am ehesten erinnert es an die Mailänder Scala.

Das Baumaterial kam aus Italien, die Kristallüster und Leuchten aus Venedig, Marmor aus Carrara. Die kunstvoll geschmiedeten Eisengeländer stammten allerdings aus dem schottischen Glasgow und die Ziegel für die Kuppel aus Lothringen. Rund achtzehn Millionen Goldmark hatte damals dieser Prachtbau gekostet.

Das Theatro Amazonas. Caruso sang hier zur Premiere

Manche der Geldgeber, die Gummibarone der Stadt, wünschten sich sogar eine Kuppel aus purem Gold. Diese Investition hat man sich dann doch sparen müssen, weil die einst reichste Stadt der Welt pleite ging. Das Opernhaus blieb nunmehr als ein Denkmal an den sagenhaften Reichtum durch den Gummiexport bestehen, einem ähnlichen Boom wie in diesem Jahrhundert das Ölgeschäft.

Fasziniert beobachte ich das morgendliche Naturschauspiel der Wolken über der Stadt. Sie hängen bleiern am Himmel und wechseln mit aufhellendem Licht ihre Farben: von Tiefgrün über eine Skala von bräunlich-grünen Tönen, mit Bronzeschattierungen gesättigt und ins Blaugrün überwechselnd – als würde sich E. T. gerade von der Erde verabschieden. Den ersten Sonnenstrahl fängt dann die Theaterkuppel ein, und sie schimmert golden, wie die Kautschukfürsten es sich erträumt hatten. Ein gigantisches Schauspiel, und ich freue mich, daß ich es nicht verschlafen habe.

Ich hätte das Farbenspiel stundenlang weiter beobachten können, aber das Telefon klingelt. Sechs Uhr früh, Zeit zum Aufbruch. Manuel soll mich heute zur Fähre bringen.

Ich packe schnell alles Notwendige ein: zwei Hemden, eine lange und eine kurze Hose, frische Socken, Badehose. Mehr nicht. Die Kameratasche steht schon bereit. Jetzt erst bemerke ich die dürftige Ausstattung des Hotelzimmers. Ein Bett, zwei Stühle, ein Kühlschrank und eine Duschkammer mit Toilette, das ist alles. Das Handtuch ist spröde und kaum größer als ein Küchenlappen. Zum Abtrocknen reicht's. Auch über mangelnde Sauberkeit kann ich mich nicht beschweren. Keine krabbelnden Viecher, nicht mal Moskitos. Anscheinend fliegen sie nicht so hoch, weil sie die schwere Luftfeuchtigkeit auch zu Boden drückt.

Der klapprige Aufzug rattert langsam nach unten. Zu meiner Überraschung steht nicht Manuel an der Rezeption, sondern ein anderer junger Mann in weißem T-Shirt und sauberen Jeans. Schneidig wie ein Marineoffizier stellt er sich vor: Milton Eckstein. Sein Vater war Amerikaner, seine Mutter stammte ursprünglich aus Deutschland. Also wuchs Milton zweisprachig auf, was ihm jetzt einen guten Job als Touristenführer verschafft hat. Zwei Jahre arbeitet er schon auf der *Amazonas Lodge*, einem schwimmenden Hotel unter Schweizer Leitung. Da wollen wir jetzt hin.

Die Stadt schläft noch. Alle Ampeln sind auf Rot geschaltet, das bedeutet, daß man sie, ohne anzuhalten, überfahren darf. Eine eingefleischte Verkehrsregel, die allerorts in Brasilien gültig ist. Milton gibt sich, im Gegensatz zu Manuel, mitteilsam.

„Übrigens, von Manuel soll ich einen schönen Gruß ausrichten, aber er konnte nicht kommen, sein Wagen ist kaputt. Er hatte noch gestern nacht einen Kabelbrand, der Motor springt nicht an."

Mir fällt sofort die Begebenheit mit der *macumba* ein. Verflixt! Wenn ein paar Zufälle aufeinandertreffen, und das noch an einem Mittwoch, kann man glatt die *macumba* fürchten wie einen Dreizehnten am Freitag. Weltmacht Aberglaube.

Doch Milton zerstreut schnell meine Bedenken. Er selbst stammt aus der Gegend von Matto Grosso. Dort gibt es keine *macumba*. Er kann darüber nur lachen, so ein finsteres Zeug, eingeschleppt aus Afrika. Dann erzählt er mir eine Geschichte, wie ein reicher Amerikaner mal einer *macumba*-Nacht beiwohnen wollte.

„Ein Einheimischer hatte also für den Ami einen qualifizierten *macumbiero* aufgetrieben, einen Schamanen aus Bahia. Der verlangte für seine Kunst rund 5000 Dollar. Natürlich im voraus. Er versprach für das Geld ein Ritual mit tödlichem Ausgang. Der Gringo zahlte, der *macumbiero* verschwand, dafür kam aber jener Einheimische zurück und lud den Amerikaner zu einem Fest ein. Er hatte von besagtem *macumbiero* eine Provision von rund 500 Dollar bekommen und kaufte jetzt Schnaps und Champagner für eine neue *macumba* ein.

Der Amerikaner hörte fassungslos zu, wollte die Polizei holen, ließ sich aber doch schließlich zum Fest einladen. Von wegen *macumba* – ein Besäufnis war es! Die Einheimischen torkelten und lärmten fürchterlich herum, später fuhren zwei von ihnen mit dem Auto los, um noch mehr Zuckerrohrschnaps zu holen. Unterwegs verunglückten sie tödlich. Und was erzählte man sich darüber am nächsten Tag?"

„Kann ich mir schon denken", nicke ich mit dem Kopf.

„Jawohl", sagt Milton, „alle glaubten, der *macumbiero* aus Bahia, der war's, er hat dem Amerikaner eine schwarze *macumba* versprochen und schickte deshalb die bösen Geister, um das Fest traurig zu beenden."

„Und was passierte mit dem Amerikaner?" frage ich.

„Er ist sofort abgereist. Nach dem Begräbnis der beiden Männer wurde in der Nacht am Friedhof eine *macumba* abgehalten, um die Geister wieder zu versöhnen", beendet Milton seine Geschichte.

Manaus hat im Laufe der Zeit eine wechselvolle Geschichte erlebt, eine spannende Geschichte von Glück und Unglück, Reichtum und Ausbeutertum.

Der Kautschuk, von den Indianern *cahuchu* genannt, brachte Manaus von 1880 bis etwa 1912 eine weltwirtschaftliche Bedeutung, vergleichbar mit dem Ölreichtum der arabischen Länder. Die milchige Flüssigkeit, als Rohstoff für Gummi verwendet, wird aus den wild wachsenden Bäumen der *hevea brasiliensis* gezapft. 1870 gelang es dem englischen Abenteurer Henry Alexander Wickham, den Hevea-Samen, der bisher nur im Amazonasgebiet vorzufinden war, aus dem Land zu schmuggeln. In Malaysien angepflanzt, wurde vier Jahrzehnte später das Monopol von Manaus gebrochen. Die Gummipreise purzelten in den Keller, und die Gummibarone verließen fluchtartig die einst reichste Stadt der Welt, die inzwischen in Millionenhöhe verschuldet war.

Heute gehört Amazonas als flächenmäßig größter Bundesstaat Brasiliens zu den Notstandsgebieten, obwohl sich hier rund 80

Prozent der brasilianischen Elektronik-Industrie befinden: Telefunken, Sharp, National, Philips, Sanyo – riesige Fabrikhallen, vollklimatisiert und gegen die Luftfeuchtigkeit hermetisch abgedichtet. Dieser Aufwand wurde in Kauf genommen, weil das Gebiet den gleichen Status wie Hongkong oder Westberlin erhielt: Freihandelszone. Um der in Not geratenen Region zu helfen, befreite die brasilianische Regierung sie 1967 von Zoll und Steuern, wonach sich vor allem ausländisches Industriekapital ansiedelte. Nach japanischen Lizenzen wurden Radio- und Fernsehgeräte produziert, auch Waschmaschinen, Kühlschränke und Motorräder. Und schon wiederholte sich die alte Geschichte: Von der Industrie angelockt, wuchs Manaus auf 600 000 Einwohner. Obwohl der Aufschwung schon wieder vorbei ist, strömen weiter Hunderte von Zuwanderern nach Arbeit suchend heran. Es sind meist *cáboclos*, Mischlinge aus Weißen und Indianern, die Enkel und Urenkel der Kautschukarbeiter, die schon einmal die Planta-

Manaus heute: Hochhäuser haben den alten Charakter der Stadt zerstört

gen hier verlassen mußten . . .

Wir kommen mit unserem Landrover im Hafen an. Der erste Anblick des Amazonas überwältigt mich. Er ist hier etwa so breit wie der Bodensee, seine Wassermassen wälzen sich gemächlich dahin. Er hat hier nur ein Gefälle von drei Zentimeter pro hundert Kilometer.

Am Bootssteg dümpeln ein Bananendampfer und ein kleines Motorboot, das uns ans andere Ufer übersetzen soll. Es gibt kaum ein Dutzend Passagiere. Außer mir, Milton und noch einem Touristen-Ehepaar aus der Schweiz sind hier nur Einheimische. Männer mit verkniffenen Gesichtern. Sie schleppen Pappkartons und Körbe statt Koffer, und einer im weißen Hemd trägt einen zerfledderten Aktenkoffer. Es geht zügig voran mit dem Aufladen der Fracht: Trinkwasser in Behältern, einige Ölkannen, zwei Säcke und eine große Kiste, schwer mit Metall beschlagen. Es ist alles Handgepäck, das mit Nachbarshilfe auf- und abgeladen wird. Jeder packt an, und schon legt das Diesel-Boot ab. Ungefähr in einer Stunde werden wir die andere Seite erreichen.

Das Wasser ist schwarz wie Tinte. Wir befinden uns auf dem Rio Negro, der erst nach dem Zusammentreffen mit dem Rio Solimoes den eigentlichen Amazonas-Strom bildet. Der Zusammenfluß liegt etwa in der Mitte der Gesamtlänge der Flüsse von 650 Kilometern. 1100 Nebenflüsse bereichern den Strom, sieben davon sind größer als der Rhein, und nach der Mündung bleibt der Ozean in einem Umkreis von zweihundert Kilometern süß.

In der Mitte des Flusses, zwischen Manaus und Aruana, einer Barackensiedlung am anderen Ufer, liegt die Stelle, wo sich die beiden Gewässer vermischen. Die Grenze verläuft wie mit dem Lineal gezogen zwischen dem schwarzen Rio Negro und dem braunen Rio Solimoes. Als würde man Milch in Kaffee gießen. Bei diesem Anblick wachen sogar die phlegmatischen Einheimischen auf, die *amazonesi*.

Der Steuermann umklammert das Ruder fester, macht eine

kleine Kurskorrektur, so wie es manche Piloten beim Überfliegen des Äquators tun, um vergnügt den Passagieren via Bordlautsprecher mitzuteilen: „Dieser Hüpfer, das war der Äquator." Unser Bootsmann verrät es mit einem bedeutsamen Blick: „Dieser Schaukler, das war also der Solimoes."

Zivilisation ade, nunmehr regiert der Urwald. Das Abenteuer kann beginnen. Unter uns liegen 120 Meter Tiefe. Dort lauern Piranhas, während an der Wasseroberfläche verspielte Begleiter auftauchen: Süßwasserdelphine. Es scheint ihnen Spaß zu machen, links und rechts unseres Bootes aufzutauchen, als wollten sie sich die Passagiere genauer betrachten. Als das Wasser in der Nähe des Ufers seichter wird, verschwinden sie. Ihre letzten Sprünge wirken wie ein Zuwinken, und schon bekommen wir neue Gesellschaft.

Es ist ein Paddelboot mit einer alten Frau und zwei Kindern. Sie geben ein kaum sichtbares Zeichen, doch unser Steuermann verlangsamt die Fahrt. Das Einholmanöver dauert ein paar Minuten und verläuft, als sei es bestens eingeübt. Unser Steuermann wirft ein Seil hinüber, die alte Frau fängt es ohne Schwierigkeiten auf – und schon tuckern wir mit Vollgas weiter. Mit dem Paddelboot im Schlepp, so fährt man eben per Anhalter am Amazonas.

Kurz vor dem Ufer läßt die alte Frau das Seil los und treibt noch ein Stück flußabwärts. Bevor wir anlegen, manövriert sich unser Boot geschickt zwischen den anderen Schiffen hindurch: Fähren für große Lastwagen und Busse, kleine Fischerbarken und dickbäuchige Frachter – Amazonas wie aus dem Bilderbuch.

Beim Ausladen des Gepäcks legt wieder jeder Hand an. Als ich aus dem Boot ans Ufer klettere, bekomme ich den ersten Vorgeschmack von dem, was nun folgen wird: Die Asphaltstraße ist in einem Zustand wie ein Emmentaler Käse. Dabei ist sie eine Teilstrecke von Brasiliens großem Stolz, der „Transamazonica". Ein Astronaut könne sie aus dem Raumschiff sofort erkennen, ließ die Regierung einst über die 12 000 Kilometer lange, mühsam erbaute Piste verkünden, die in Wirklichkeit nur eine schmale Lehmspur ist. Von den Fern- und Busfahrern wird sie „Transamargura" genannt, die Straße der Tränen. Hier bei Aruana ist sie noch relativ gut erhalten. Zwischen Schlaglöchern und Wasserlachen gibt es so etwas wie Asphaltränder zu erkennen.

Oberhalb der Anlegestelle wartet auf dem Parkplatz der Bus, von rotem Staub bedeckt, rundum mit Lehm verkrustet, darunter blau. Die verrosteten Kotflügel drohen jeden Augenblick abzufallen, die Reifen sind total plattgefahren. Was anderes habe ich eigentlich gar nicht erwartet.

„Wir frühstücken noch", meint Milton, und wir gehen in eine Baracke. Auch sie ist blaugrün gestrichen, die typische Farbe am Amazonas, hat keine Tür, nur einen Fransenvorhang aus Plastikschnüren, die Fenster sind offen. Es ist ein Gemischtwarenladen. In den verstaubten Regalen türmt sich ein Verhau von Schachteln, Dosen, Werkzeug, alten Zeitungen. Die Verkaufstheke dient zugleich als Bar.

Klapprige Busse sind das Transportmittel auf der Transamazonica, die als Piste der Tränen bekannt ist

Die Leute drinnen scheinen uns kaum zur Kenntnis zu nehmen. Bedient werden wir ebenfalls wortlos. Wer um diese Zeit den Laden betritt, bekommt von einem runzeligen Mann einen Pott mit wäßrigem Kaffee hinübergeschoben, dazu eine Kanne mit heißer Milch, einen süßen Streuselkuchen und das weiße Stangenbrot, das der Bootsmann gerade hereingebracht hat. Die geleeartige Marmelade besteht fast aus purem Zucker und zerfließt auf dem Teller. Dafür ist die Butter steinhart gefroren.

Die Leute um uns tunken das Brot in den Muckefuck. Ich blicke derweil hinter die Baracke. Schweine und Hühner wühlen in trauter Zweisamkeit im Dreck, die Wäsche an der Leine ist bereits von rotem Staub verkrustet. Auf dem Zaun sonnen sich schwarze Vögel, müde auf einem Bein balancierend: Aasgeier, die hier fast wie Haustiere gehalten werden. Sie dösen vor sich hin, und mit zunehmender Schlaftiefe kippen sie langsam nach vorne, wie ein müder Fahrer über dem Lenkrad. Ob da einer auch mal runterfällt? frage ich mich amüsiert. Aber nein: Bei einem bestimmten Neigungswinkel wachen die schwarzen Vögel wieder auf, strecken ihre Flügel in beachtlicher Spannbreite aus und fangen damit wieder ihr Gleichgewicht. Sie hüpfen kurz auf der Stelle, und ihr komisches Schlafgebaren fängt wieder von vorne an. Sich ihnen nähern zu wollen, hat wenig Zweck. Spätestens auf einen Meter herangepirscht, schießen sie mit wilden Flügelschlägen in die Luft.

Zur schwimmenden „Amazonas Lodge", wohin wir fahren, sind es rund achtzig Kilometer. Aber die Zivilisation hört bereits hier in Aruana auf. Ich will noch ein letztes Telefongespräch mit Manaus erledigen, doch die Leitung über den Fluß ist gestört. Außerdem kann man nicht selbst durchwählen, und die Vermittlung ist ständig besetzt. Der Mann von der Telefonbaracke mault, als nach uns noch weitere zwei Männer in sein Zimmer platzen und ebenfalls auf ein Stadtgespräch warten.

Endlich habe ich Manaus an der Strippe, aber ich höre schlecht, denn ins Wohnzimmer flattert ein Huhn, hockt sich auf den Sessel vor dem Fernseher und gackert, als ob es ein Dutzend Eier legen sollte. Aber nein, es ist nur Paulchen Panther, die beliebte Fernsehfigur im Vormittagsprogramm, die das Huhn gerade aufregt.

Es kracht entsetzlich in der Leitung, und gleich danach bricht sie auch zusammen. Den alten Mann von der Baracke kümmert es wenig. „Ich bin kein *telefonista*", murrt er und dreht sich zum Fenster um.

„Was kostet das Gespräch?" frage ich.

„Zweihundert Cruzeiros."

Ich reiche ihm einen Tausender. Der Alte nimmt es nicht an. „Ich kann nicht wechseln."

„Also, dann stimmt's so", sage ich, aber das begreift er nicht. Scheinbar ist es hier nicht üblich, die Summen aufzurunden. Geld ist Geld, auch wenn es sich um kaum nennenswerte Beträge handelt. Man hatte mir, als Fremdem, immer wieder geraten, mich mit genügend Kleingeld einzudecken, denn die Einheimischen reagieren oft mit Unverständnis und Unmut, geht man achtlos mit großen Scheinen um. Manche von ihnen kennen die höheren Banknoten kaum, wie hier dieser Alte. Verärgert schiebt er sich in den Nebenraum und kommt endlich mit Wechselgeld zurück. Dann sperrt er das Telefon ab. Für heute gibt es keine Gespräche mehr. Erst morgen wieder.

Draußen hupt der Bus alle Passagiere zusammen – ein bunt zusammengewürfelter Haufen.

Die Einheimischen schleppen Pappkartons, eine Familie mit zwei Kindern, die nackt reisen, ist auch dabei, dann ich und Milton und zwei Fahrer. Einer ist offenbar der Chef. Er trägt rote, an den Knien bereits durchgewetzte Samthosen, ein weißes Hemd und einen Aktenkoffer. Der andere, ein Indianermischling, in Jeans und ausgebleichtem T-Shirt, ist offensichtlich sein Helfer. Der verstaut das Gepäck und gibt das Zeichen zur Abfahrt. Der Motor heult auf wie beim Formel-I-Rennen. Es kracht im Getriebe, und der Bus schaukelt los.

Es beginnt eine Slalomfahrt zwischen Schlaglöchern hindurch, in denen ein erwachsener Radfahrer verschwinden würde. Manche Schlaglöcher ähneln mehr einem Krater, über die noch bestehenden Querrinnen kriechen wir wie eine Schnecke. So zerstückelt sich die Fahrt in pausenloses Anfahren, Bremsen, Ausweichen, Umfahren, Zurückschalten, Anhalten und wieder ruckartiges Anfahren. Nach einer halben Stunde gibt es Fahrerwechsel, und man bekommt sofort den Unterschied in der Fahrweise zwischen dem Buskapitän und seinem Kopiloten zu spüren. Der Indio-Mischling kriecht nur noch im ersten Gang, während sein Chef auf dem Nebensitz ruhig einschläft. Auch mich übermannt eine bleierne Müdigkeit.

Der Urwald schläfert mich durch seine Monotonie schnell ein: einzelne Bäume im Sumpf, dazwischen Gebüsch, durchsetzt von hohen Palmen und Bambusstämmen – der sogenannte Igapowald. Durch die ständige Überschwemmung bleibt er artenarm. In den Sümpfen wimmelt es von Krokodilen, die im Amazonasgebiet Kaimane genannt werden.

Wir halten an einem Tümpel mit schwimmenden Lotosblüten, die Blätter groß wie Wagenräder. Zeit für Fotos. Als Touristenattraktion stehen Boote zur Verfügung. Man kann all diese Pracht auch berühren, allerdings, so wuchtig die Blätter auch aussehen, zum Draufsteigen eignen sie sich nicht, auch wenn man sich leicht dazu verleiten lassen könnte. Sie brechen wie dünnes Eis, und darunter könnte eine von den zweihundert verschiedenen Giftschlangen lauern, die es in diesem Gebiet gibt.

Volle zwei Stunden lang quält sich der Bus weiter bis zur nächsten Fähre. Dort bemüht man sich gerade, die Straße wieder in Ordnung zu bringen, aber was zu sehen ist, sind nur schwere Baumaschinen, die steckengebliebene Lastwagen aus dem Schlamm ziehen. Straßenbau ist hier ein ziemlich hoffnungsloses

Unterfangen. Mindestens ein halbes Jahr ist dieses Gebiet ohnehin überschwemmt, und die Wege sind meist nur von September bis Dezember befahrbar.

Am Flußufer dümpelt ein Hausboot. Es ist eines dieser schwimmenden Läden, wo man vom Nähfaden bis zum Abschleppseil alles auf Lager hat, natürlich auch eisgekühltes „Kaiser"-Bier. Nach der anstrengenden Busfahrt erfrischt es wie Regen in der Wüste. Übrigens kann man in solchen Läden all das nützliche Zeug, vom Buschmesser bis zur Hängematte, sehr günstig kaufen. Die Ladenbestände sind schon vor Jahren beschafft worden, und die Inflationsraten dringen nicht so schnell bis hierher durch. Meist wissen die Leute hier nichts vom Cruzeiro-Verfall und verkaufen ehrlich ihre Buschmesser zu den ursprünglichen Preisen, zu denen sie einst die Ware selbst bezogen hatten. Es ist eine Ecke, wo die Zeit stehengeblieben ist. Jahrein, jahraus bestimmt nur der Fluß, einer von den Tausenden von Seitenarmen des Amazonas, das Leben. Das Wasser hier ernährt die Menschen. Sie essen Fisch und wieder Fisch und ein bißchen Gemüse, im eigenen

Einer der schwimmenden Läden, in denen man vom Schnürsenkel bis zum Buschmesser alles kaufen kann

Garten angebaut. Touristen kommen nur in kleinen Gruppen. Von einer Lodge ausreichend versorgt, bedeuten sie für die Einheimischen kein Geschäft.

In der Amazonas Lodge

Wir warten auf ein Motorboot, das uns zur schwimmenden *Amazonas Lodge* bringen soll, noch gut anderthalb Wasserstunden entfernt. Seciliano, der Bootsmann, hat sich verspätet, was aber, wie Milton erklärt, an den gußartigen Regenfällen liegt.
„Regen?" wundere ich mich. „Bei dem klaren Himmel?"
„Warten Sie nur ab", schmunzelt Milton. „Hier gibt's das verrückteste Wetter der Welt. Hier scheint die Sonne, und hundert Meter weiter schüttet es wie unter einer Dusche. Dazwischen liegen die Wettergrenzen wie ein Vorhang."
Unser Boot ist da. Grün mit weißem Dach, Sitzbänke an der Seite, als wären wir an der Adria. Daß es doch anders ist, merke ich daran, wie sorgfältig das Gepäck in Plastiksäcke eingehüllt wird. Wir fahren los und bekommen schnell Fahrt. Der Bootsmann winkt mir, ich soll mich so weit wie möglich nach vorne setzen, damit die Bootsspitze nicht zu stark aus dem Wasser ragt, das würde nämlich unsere Fahrt bremsen.
Die Vegetation den Fluß entlang verdichtet sich. Laubwälder bedecken das Land, und an den Lichtungen liegen kleine Siedlungen. Die Holzbaracken, in lustigem Rosa gestrichen, stehen auf Holzpfählen. Am eigenen Bootssteg spielt sich dann der Alltag ab. Wäschewaschen, Kochen, Geschirrspülen, die Natur als Küche und Wohnzimmer zugleich. Ein paar Meter weiter befindet sich der Arbeitsplatz: Abgeschlagene Palmenblätter, Lianen und Bambus werden zu großen Ballen gebündelt. Hin und wieder erblicke ich Fischernetze, zum Trocknen aufgehängt. Gelegentlich kommt

ein Boot entgegen, dann wieder paddeln fünf kleine Kinder in einem Baumstamm quer über den Fluß, und unser Boot verlangsamt die Fahrt. Eine heftigere Welle könnte die spielenden Kinder in Gefahr bringen.

Und dann zeichnen sich plötzlich schwere Wolken am Horizont ab. Wie Blei hängen sie über dem Regenwald, und wir erreichen sie in knapp zwanzig Minuten. Vorher verteilt der Bootsmann gelbes Ölzeug. Wie auf einer Bohrinsel in der Nordsee sehen wir aus, und schlagartig ändert sich auch jene sonnendurchflutete Amazonas-Idylle.

Wir fahren in den Schnürlregen hinein. Ungeheure Wassermassen prasseln herab. Durch den Fahrtwind wird es in Sekunden empfindlich kalt. Ich knöpfe mir den Gummimantel sorgfältig zu, das Bootsdach bietet nämlich kaum Schutz. Der Gischt spritzt hindurch, vom Gesicht fließt der Regen in Bächen in den Kragen hinein, sogar die Schnürsenkel saugen sich voll. Man spürt, wie das Wasser bis zur Ferse herunterrinnt und der Fuß allmählich naß wird. Besorgt blicke ich auf meinen Kamerakoffer mit meinen kostbaren Filmen. Noch ist er im Trockenen, aber oberhalb der Plastikplane bildet sich ein regelrechter See, der plötzlich an einer Faltstelle durchbricht und das gesamte Gepäck überschwemmt.

Der Regen hört schlagartig mit ein paar großen Tropfen auf. Gleich wird es wieder heiß und das Ölzeug lästig, denn es bildet sich darunter Dampf, und man schwitzt in Sekundenschnelle wie in einer Sauna. Nach etwa zwei bis drei Kilometern wiederholt sich das Spiel „Sonne und Regen" wieder. Bis wir die Lodge erreicht haben, geraten wir noch dreimal in solche Wolkenbrüche. Inzwischen sind wir total durchnäßt, und das Gepäck ist wie aus dem Fluß gefischt.

In der schwimmenden Lodge wird's gemütlich. In trockenem T-Shirt, ein Handtuch um die Hüften gewickelt, reicht uns Alejandro, der Lodge-Manager, eine *caipirinha* zur Begrüßung, eine doppelte. Auch der Tisch ist bereits gedeckt. Heute gibt es

Der rote Piranha, die Hyäne des Amazonas, gilt als Delikatesse

Piranhas, gegrillt. Noch auf der Platte sehen sie bedrohlich aus. Mit mörderischen Augen blecken sie ihre messerscharfen Zähne, die roten Bäuche wie Luftballons aufgebläht.

„Kann man sie wirklich auch essen?" frage ich vorsichtig.

„Probieren Sie es mal", ermutigt mich Alejandro. „Allerdings, Sie werden sehen, viel Fleisch ist nicht dran."

Tatsächlich. Der Piranha ähnelt einem Brillenetui. Viel Hohlraum, von einem massiven Grätenkorb geschützt. Durch diese Anatomie erklärt sich auch die Gefräßigkeit. Fast ohne Verdauungstrakt ist der Piranha wie eine Beißzange konstruiert.

Das dünne Fleisch samt der Haut schmeckt pikant, aber nach einem halben Dutzend stellt sich eine aufstoßende Sättigung ein. Alejandro ißt auch nicht mehr als drei Stück und bestätigt: „Piranhas gelten zwar als Delikatesse, aber jeden Tag kann man sie nicht essen."

Ich lasse die Piranha reichlich in *caipirinha* schwimmen – und so verwandelt sich die angenehm schaukelnde Lodge für mich langsam in einen Palast. Idyllisch an einem Flußarm gelegen, der hier einen schwarzen See bildet, tragen zehn Assaku-Stämme das Holzhaus.

„Wir haben Schlagseite bekommen und sinken", meint Alejandro. „Morgen werden wir uns mit zwei neuen Stämmen hochheben."

„Wie wird denn das gemacht?"

„Dazu brauchen wir erst einmal ein paar Männer als Verstärkung, damit wir die Assaku-Stämme mit Eisenholz beschweren können. Damit kriegen wir sie in zwei, drei Meter Tiefe, und dann schieben wir sie unter die Lodge. Danach hacken wir die Lianen ab, mit denen wir das schwere Holz befestigt haben, das Eisenholz fällt runter, und die leichten Assaku-Stämme steigen wieder hoch. Dabei heben sie die Lodge um umgefähr dreiviertel Meter über die Wasseroberfläche." Und Alejandro fügt noch stolz hinzu: „Diese Konstruktion haben wir selbst erfunden. Sie ist billig, weil wir das gesamte Baumaterial aus dem Urwald gewinnen können."

Diese Bauweise von schwimmenden Hotels soll demnächst helfen, mehr Tourismus in das Amazonasgebiet zu bringen.

„Die Nachfrage steigt jährlich um hundert Prozent", freut sich Alejandro. „Es gibt hier sogar schon einen eigenen Friedhof, nur für die Touristen", erklärt er in vollem Ernst.

„Ja, ist denn der Amazonas so gefährlich?"

„Nein, nein, überhaupt nicht", beruhigt mich Alejandro fürsorglich, damit keine Angst bei mir aufkommt, denn am nächsten Tag steht ein Ausflug in den Regenwald auf dem Programm. „Man redet so oft von der Hölle des Dschungels, dabei wäre Paradies des Dschungels viel richtiger. Solange man das Gleichgewicht der Natur nicht stört", fügt er dann allerdings hinzu. „Man muß die Gesetze des Dschungels kennen. Wenn man unvorsichtig ist, kann es leicht zu Unfällen kommen. Das Wichtigste ist, feste, mindestens knöchelhohe Schuhe zum Schutz gegen Schlangen zu tragen. Hoffentlich haben Sie welche mitgebracht."

Die Lodge ist zweckmäßig eingerichtet. Sozusagen im Wassergeschoß befindet sich die Küche. Das Essen wird auf der überdachten Terrasse serviert. Auf einer schmalen Holzstiege geht es hinauf zu den Zimmern, alle mit Ausblick über den ganzen See bis hinüber zum Urwald. Über den Betten hängen Moskitonetze. Für die Kleider gibt es einige Haken an der Wand, sonst nur noch Regalfach und eine Kerze. Die Taschenlampe bekommt man gleich bei der Ankunft überreicht. Zum Komfort gehören Duschen und eine Spültoilette. Man achtet auf die Natur: Die Fäkalien fließen nicht in den See, sondern werden durch ein Kanalisationsrohr in den Urwald abgeleitet.

In einer kleinen Werkstatt im seitlichen Teil der Lodge führen die Angestellten die notwendigen Reparaturen durch. Sie bauen auch ihre eigenen Boote. Von solchen Eigenbauten ankern zwei bei der Lodge. Ich versuche, so einen schmalen Einbaum zu fahren und merke gleich: Das Schwierigste ist, erst mal überhaupt einzusteigen. Das Ding hat ja kaum Stabilität. Ich komme mir vor wie beim Besteigen eines Fahrrades. Auch bei diesem Einbaum muß man das Gleichgewicht halten. Mit dem Paddel vorwärts zu kommen erfordert ziemlich viel Geschick, denn vom Wasser bis zum Bootsrand sind es nur ein paar Zentimeter. Eine ungeschickte Bewegung, schon nimmt man Wasser auf und sinkt immer tiefer. Dabei denke ich an die Piranhas unter mir. Was aber hat Alejandro vorher gesagt? „Man kann hier ruhig schwimmen. Nur darf man keine offenen Wunden und keine rote Badehose haben."

Als es mir gelingt, das Boot wieder zurück zur Lodge zu treiben, lädt mich Alejandro zum Baden ein. Wahrscheinlich will er mir Mut machen und hechtet kopfüber ins Wasser. Es umspült einen weich wie Seide, stelle ich fest, als ich ebenfalls hineinspringe.

„So ganz nah zum Ufer sollte man doch nicht schwimmen", warnt Alejandro. „Dort könnten Kaimane sein. Tagsüber zwar schlafen sie meist, aber man sollte trotzdem vorsichtig sein."

In einem Buch lese ich später: Drei Arten von Piranhas gibt es – silberne, schwarze und rote. Mit Abstand der gefährlichste ist der rotbrüstige Piranha, der eine Länge von einem halben Meter erreichen kann und nur in Schwärmen auftritt. So ein Schwarm von „Amazonas-Hyänen" schafft es spielend, selbst ein lebendes Krokodil, falls es verletzt ist, in kürzester Zeit aufzufressen.

Abends wird es in der Lodge romantisch. Alejandro hat schon die Handlampen bereitgestellt, und jetzt warten wir auf Einbruch der Dunkelheit.

Kaimane, wie feinste italienische Schuhe

Als die Schatten länger werden und der Dschungel langsam in mysteriösem Zwielicht verschwindet, beleuchtet Alejandro mit der Handlampe das Ufer. Ganz plötzlich tauchen sie auf, wie die Rücklichter von einem Auto: die roten Augen der Kaimane. Der Lichtstrahl gleitet die Wasseroberfläche entlang, einmal, zwei-, dreimal funkelt es, immer paarweise. Kaimane überall, wohin man auch leuchtet. Mit zunehmender Dunkelheit schwimmen sie näher zur Lodge, wo sie mit Küchenabfällen gefüttert werden. Sie reagieren blitzschnell, als die blutigen Fleisch- und Fischreste ins Wasser fallen.

Alejandro entdeckt einen Kaiman direkt am Baumstamm unter der Lodge. Ob er heraufklettert?

„Keine Angst", beruhigt Alejandro, „er bleibt im Wasser."

Wir steigen in ein Boot und paddeln in die Nacht hinein. Abertausende, vielleicht Millionen von Moskitos fallen über uns her. Man sollte vor einem Amazonas-Aufenthalt unbedingt reichlich B-Vitamin schlucken. Die dadurch entstehende Hautausdünstung stößt die Moskitos ab. Offensichtlich schmeckt ihnen dann unser Blut nicht mehr so gut.

Alejandro reicht mir eine Plastikflasche herüber. Anti-Insektenmittel. Aber man muß damit wirklich jeden Quadratzentimeter der Haut einschmieren, sonst stechen diese verdammten Biester sogar in die Knöchel.

Die Nacht wird immer dunkler. Heute scheint auch der Mond nicht. Ich kann die Bäume am Ufer nur schemenhaft erkennen. Wir lauschen dem Dschungelkonzert. Die Vögel sprechen Hunderte von Sprachen, die Affen kreischen. Es knistert und raschelt allerorts. Alejandro kann manche Geräusche erläutern, aber er freut sich mehr auf die Kaimane.

„Bei solch einer stockfinsteren Nacht werden wir bestimmt viele Krokodile fangen – mit bloßer Hand." Wie, kann ich mir zwar nicht vorstellen, doch es geht leichter, als man glaubt.

Wir steuern in einen Tümpel hinein. Die Finsternis ist fast undurchdringlich. Ich fühle mich wie im Bauch eines Wales. Alejandro knipst die Taschenlampe an. Die roten Punkte leuchten auf dem Wasser auf. Es ist die reflektierende Netzhaut der Kaimane. In diesem Augenblick sind sie völlig geblendet und orientieren sich nur nach Geräuschen. Wir versuchen, uns so lautlos wie möglich den Kaimanen zu nähern, sprechen ab jetzt keinen Ton mehr miteinander. Alejandro durchtastet mit dem Lichtkegel die Wasseroberfläche. Auf einmal taucht ein Paar rote Augen direkt vor unserem Boot auf. Alejandro streckt die Hand aus, der Kaiman stiert geblendet darauf und regt sich nicht. Ein schneller Griff hinter den Kopf des Reptils, Alejandro packt es am Nacken und zieht es aus dem Wasser. Ein paar kurze Schläge mit dem Schwanz, dann erstarrt das gefangene Tier. Alejandro reicht es mir herüber. „Völlig harmlos", versichert er. „Es beißt nur im Wasser, auf dem Trockenen ist es hilflos."

Eigentlich ist es nur ein Kaimanbaby, knapp vierzig Zentimeter lang. Als ich es anfasse, läuft grünlicher Schleim über meine Hand.

„Ach nein, der Kleine", amüsiert sich Alejandro, „aus lauter Angst hat er in die Hosen gemacht."

Ich umklammere das Reptil fest am Nacken. Es fühlt sich

Ich als stolzer Angler

ausgesprochen angenehm an, so wie feinste italienische Schuhe.

„Sollen wir ihn wieder freilassen?" frage ich.

„Später", sagt Alejandro, „wir nehmen ihn erst mal mit zur Lodge."

„Und wie schaffen wir ihn in unserem Boot hin?"

Alejandro übernimmt den versteiften Kaiman. „Ganz einfach, wir legen ihn auf den Boden, dort rührt er sich nicht vom Fleck."

Tatsächlich. Wie versteinert bleibt der Kaiman in der Bootsspitze liegen, während wir weiterpaddeln. Zeitweilig vergessen wir ihn ganz, so sehr sind wir mit der Jagd beschäftigt. Aber von nun an läßt uns das Glück im Stich. Es ist eben doch nicht so einfach, den geblendeten Kaiman zu fassen. Irgendwo wirft die Hand einen Schatten, und das reicht aus, ihn in die Flucht zu treiben.

Geplagt von den Moskitos geben wir auf. Ein Kaiman als Souvenir reicht uns. Für diese Nacht kommt er in eine Kiste. Am nächsten Tag beobachten wir ihn genau. Er stellt sich tot und läßt alles über sich ergehen. Wir streicheln ihn, öffnen sein Maul. Das messerscharfe Gebiß ist wie eine Säge in die weiche Haut eingebettet. Dann legen wir ihn frei auf den Bootssteg. Der Kaiman scheint dem Frieden eine Zeitlang nicht zu trauen und bleibt regungslos liegen. Auf einmal schlägt er mit dem Schwanz aus und gleitet wie ein Geschoß ins Wasser. Diese Reaktion zeigt eindrucksvoll, wie schnell diese Reptilien in Wirklichkeit sind. Als Angreifer in ihrem Element hat der Gegner kaum Überlebenschancen.

„Zu einem Amazonas-Aufenthalt gehört unbedingt ein Dschungelausflug", meint Alejandro. „Was man dazu braucht, ist nur ein Buschmesser. Das reicht – nicht zu vergessen freilich gutes Schuhwerk."

Nach einer romantischen Bootsfahrt durch verwinkelte Flußarme legen wir an einem steilen Ufer an. Ein kaum sichtbarer schmaler Pfad läßt uns ins Gebüsch eindringen. Der Boden ist mit mehreren Laubschichten extrem weich gepolstert, doch stolpere ich bald über tote Äste. Aus den Wurzeln gekippte Bäume, halbverfaulte Palmenwedel und Lianen versperren den Pfad, der sich bald im Dickicht verliert. Alejandro erklärt mir die zwei wichtigsten Verhaltensregeln.

Erstens: Keine Bäume und herunterhängende Zweige anfassen! Es könnte sich dahinter ein Skorpion oder eine giftige Schlange verbergen. Außerdem sind Schlangen wegen der zumeist an Pflanzen angepaßten Farben kaum zu erkennen.

Zweitens: Nicht auf liegende Baumstämme treten! Es könnte darin ein Tier hausen oder gar ein ganzer Ameisenhaufen stecken. Der Biß von Feuerameisen ist sehr schmerzhaft und heilt schlecht. Es bilden sich eitrige Wunden, die Narben hinterlassen.

Alejandro geht vor und klopft die Bäume mit dem Buschmesser ab. Damit verjagt er die Spinnen und Schlangen, die sich dort versteckt haben könnten. Aber meist flüchten diese schon lange vorher vor den Menschen. Der Urwald wirkt ausgesprochen freundlich auf mich. Ein weiches Mischlicht dringt durch das Laub, das vor der Sonne schützt. Nur die Luft ist belastet durch eine hohe Feuchtigkeit, man bewegt sich wie unter einer Dunstglocke. Das Baumwollhemd klebt an der Haut, die sich jedoch seidenweich und sehr angenehm anfühlt. Die Luftfeuchtigkeit ersetzt die Kosmetik.

„Das Wunderbare am Urwald ist", erklärt Alejandro, „daß man hier nicht verhungern kann. Überall findet man etwas Eßbares." Er sucht einen dünnen Palmenstamm und fällt ihn mit dem Buschmesser. Zwei, drei Hiebe genügen, danach wird die grüne Rinde abgeschält. Wie bei einem Knochen aufs Knochenmark, stößt man im Inneren auf eine Art Fruchtfleisch: Palmenherzen, die in brasilianischen Restaurants als Salat serviert werden. Hier im Urwald fehlen dazu nur Essig und Öl.

In dieser Naturspeisekammer gibt es auch ein vorzügliches Tafelwasser. Man braucht nur eine frische Liane anzuzapfen, und schon tropft angenehm kühles Wasser heraus. Die Nachspeise liegt einem dann zu Füßen: Paranüsse. Wir nehmen auch für die Lodge welche mit, und Alejandro zeigt mir dabei, wie man schnell aus Palmenblättern einen Tragekorb flechten kann. Die Tasche hält erstaunlich gut das Gewicht der Paranüsse. Aus den Palmenblättern kann man auch flotte Hängematten für das Nachtlager im Freien herstellen.

Schon nach einer Stunde verliert der Dschungel alle seine Schrecken und macht Lust auf ein richtiges Abenteuer. Vielleicht bis zu den Indios vorzudringen. Dazu allerdings benötigt man eine Genehmigung von FUNAI (Fundacao National de Assistencia ao Indio). Diese Organisation versucht, den Indianern zu helfen, die in Amazonas kurz vor ihrer Ausrottung stehen. Sie sterben an den eingeschleppten Krankheiten, an Alkohol und an der Zerstörung ihrer Biotope, vor allem sterben sie an der Zerstörung ihrer Kultur. Das Eindringen der Zivilisation in ihre Welt ist für sie in jeder Form tödlich. Deshalb versucht nun die FUNAI, ein ziemlich gut abgeschirmtes Reservat für die Indianer zu schaffen. Überall an den Wasserwegen, den einzigen Zufahrtsmöglichkeiten in diese Gebiete, sind Wachen postiert. Sie kontrollieren wie eine Art Grenzpolizei alle Boote. Damit ist erst einmal der Tourismus eingedämmt, und auch unwillkommene Unternehmerambitionen werden so unterbunden. Dahinter stecken jedoch brasilianische Staatsinteressen. Man vermutet nämlich in diesen Indianergebieten große Goldreserven.

Einige Abenteurer hatten vor kurzem ein Wasserflugzeug gechartert und waren in dieses Reservat eingedrungen. Nach etwa zwei Wochen waren sie zurückgekehrt, mit Gold schwer beladen, und verschwanden, während einige Leute vor Ort große Probleme bekamen. Die Polizei verdächtigte gewisse Touristenführer, selbst an dieser Gold-Aktion beteiligt gewesen zu sein. Jedenfalls ist es seither sehr schwierig, hier ein Flugzeug zu chartern. Wer etwa, durch wissenschaftliche Interessen motiviert, die Indianer besuchen möchte, muß ein halbes Jahr vorher beim brasilianischen Konsulat einen Antrag stellen. Die Genehmigung ist mit einer Spende verbunden.

Wir kehren aus dem Urwald zurück, und vor meiner Rückkehr in die Zivilisation gibt mir Alejandro eine riesige Pirarucú-Schuppe, von einem bis zu zwei Meter langen Amazonas-Fisch und dem schnellsten Süßwasserfisch der Welt. Die Fischschuppe soll den Besucher, wie das Volk glaubt, wieder an den Amazonas zurückbringen: zu den Müttern der Götter. Diese kämpferischen Frauen, die sich eine Brust abschnitten, um Pfeil und Bogen besser anlegen zu können, gaben dieser Region auch den Namen – Amazonas. Auch heute sind die Frauen hier auffallend flachbrüstig und haben meist lange Haare und wilde Augen. Außerdem sind die Frauen am Amazonas gegenüber den Männern stark in der Überzahl. Das Verhältnis steht zehn zu eins!

Vor der Abfahrt gibt es noch eine Stärkung, den Süßwasserfisch Tucunare mit weißem, süßlichem Fleisch. Er schmeckt sehr delikat, nur sind die Gräten etwas gefährlich: An ihren Enden verzweigen sie sich wie eine Gabel. Sie bleiben daher leicht im Hals oder in der Speiseröhre stecken. Helfen kann in solchen Fällen meist nur der Arzt. Zu dem Fischgericht mischt Alejandro einen exotischen Trunk. Dabei blinzelt er schelmisch: *„Guarana* – eine Wurzel, der geheimnisvolle Liebeskräfte nachgesagt werden." Vielleicht auch wegen der phallischen Form. Man schabt die Wurzel an der getrockneten Zunge des Pirarucú-Fisches, die hart wie eine Nagelfeile ist, zu Pulver, und dieses Guarana-Pulver schüttet man dann in Wasser oder Bier. Die erste spürbare Wirkung ist etwa mit der von Kaffee vergleichbar.

Dann macht mir Alejandro zum Abschied noch ein Kompliment.

„Sie waren anders, Senhor Thomas, als die meisten Touristen."
„Wieso?" frage ich verwundert.

Alejandro erklärt mir, wonach sich seine Wertschätzung seiner Gäste richtet: „Die Touristen heißen bei uns Gringos. Sie aber haben sich nicht wie ein Gringo benommen. Sie haben den Fisch mitsamt der Haut gegessen. Das tun die wenigsten Touristen. Dabei ist die Haut vom Tucunare und auch vom Tambaqui das Köstlichste überhaupt."

Ich fühle mich geehrt. Die Fischhaut hat mir tatsächlich ausgezeichnet geschmeckt.

Im Boot werde ich meinem neuen Begleiter vorgestellt. Er ist Kanadier, Robin Best aus Vancouver. Er spricht bereits perfekt Portugiesisch und ist davon überzeugt, daß man für den Amazonas nur ein einfaches Ticket braucht. „Wer einmal hierher kommt, den läßt dieses Land nicht mehr los."

Bei Signor Best war es eine besondere Liebe – die Liebe zu Peixe-Boi. Das ist ein etwas schweres Mädchen: 80 bis 100 Kilo bringt sie leicht auf die Waage und gehört zur Familie der Seelöwen. Diese Tierart macht sich für die Hydro-Technik am Amazonas unentbehrlich. Die Turbinen der Stauseen verstopfen nämlich nach gewisser Zeit durch schwimmendes Gras. Und da hilft eben der Peixe-Boi: Bis zu zwei Zentner täglich vertilgt er davon, und die halbverdauten Ausscheidungen ergeben die beste Fischnahrung. Dank Peixe-Boi können also nicht nur die Turbinen laufen, auch die Gewässer werden besonders reich an Fischen. Der Kanadier Best gehört zu den führenden Experten für die Zucht von Peixe-Boi am Amazonas-Institut.

Während er mir über die Ergebnisse berichtet, durchqueren wir drei Regenzonen. Es ist, als ob wir hinter einen Vorhang geraten würden, danach der nächste Vorhang, und schon scheint wieder die Sonne. Dieses Erlebnis zählt für mich zu den faszinierendsten Naturschauspielen, die ich auf meinen Reisen erlebte.

Das Theatro Amazonas

In Manaus bleibt mir zur Stadtbesichtigung noch ein freier Nachmittag, obwohl es hier eigentlich kaum Sehenswürdigkeiten gibt. Vielleicht die Old Factory noch, eine stillgelegte Gummifabrik, die Nostalgie-Begeisterung für alte Maschinen erweckt. Made in England, aus der Jahrhundertwende stammend, heute noch voll funktionsfähig.

Mein Weg geht nochmals am „Theatro Amazonas" vorbei. Dieser Prachtbau wirkt magisch anziehend auf mich. Drinnen schlagen mir Dämpfe wie in einer Waschküche entgegen. Eigentlich erstaunlich, daß diese ganze Holzkonstruktion innerhalb der Steinmauern nicht längst schon morsch auseinandergefallen ist.

Die einst reiche Stadt Manaus bietet Romantik nur noch in Form von verfallenen Häusern und sinkenden Booten

Zuletzt wurde das Opernhaus vor zehn Jahren für zweieinhalb Millionen Mark renoviert.

Der Eintritt kostet etwa eine Mark. In den oberen Etagen schlüpft man in große Filzpantoffeln, um den polierten Parkettboden zu schonen. Der Rundgang ist kurz: Foyer und Zuschauerraum. Es muffelt überall schwer.

In den Sitzreihen hockt gerade eine Schulklasse, und die eifrige Lehrerin, übrigens bildhübsch, erklärt die Bedeutung der Büsten. An der Rangbalustrade stehen, aus Holz geschnitzt, Shakespeare, Molière und Goethe. Die Reihe setzt sich mit Lessing und Corneille fort. Und auch was die Kinder weiter in ihre linierten Hefte schreiben, klingt für sie sehr fremd: Beethoven, Mozart, Verdi, Wagner und Rossini. Die Lehrerin buchstabiert die Namen Schiller und Calderon und hört erst bei Aristophanes auf. Insgesamt sechzehn Holzbüsten sind hier aufgereiht, die man allerdings ohne den Namenszug in Gold schwer erkennen würde.

Dann wird der Schulausflug doch noch amüsant. Eins von den Kindern, ein Bub mit krausen Haaren, wird auf meine Kamera neugierig.

„Woher kommst du?" fragt er.

„Aus Deutschland – Alemanha", antworte ich.

„Oii", begeistert sich der Kleine gleich. „Beckenbauer, Boris Becker, Niki Lauda..."

„Si, Pele, Ayrton Senna, Nelson Piquet", festige ich die neue deutsch-brasilianische Freundschaft zu dem kleinen Buben, der gleich meine Adresse haben will.

„Ich schreibe dir auch bestimmt einen Brief. Oder du kommst am besten zu uns nach Hause: Ich habe sieben Schwestern..."

Wie sagte vorhin Robin Best, der kanadische Peixe-Boi-Experte? „Rio ist Brasilien für Anfänger, Manaus für Fortgeschrittene. Dieses Land läßt dich nicht mehr los. Und sei es nur wegen der Amazonen."

Der kleine Bub in seiner weißblauen Schuluniform gibt mir die Hand: „Aber du kommst bestimmt zu uns?"

„Ja", verspreche ich – und irgendwie glaube ich es in diesem Augenblick sogar.

Diese magische Mischung aus Belle Epoque und Kautschuk-Legenden fasziniert mich. Der Film „Fitzcarraldo" von Werner Herzog verdinglicht sich in dieser skurrilen Theateratmosphäre vor meinen Augen, und als die Schulklasse weg ist, versuche ich mir vorzustellen, wie die Stimme von Enrico Caruso, der hier zur Premiere 1896 aufgetreten ist, wohl hier geklungen hat.

Heute trifft sich hier noch gelegentlich eine merkwürdige Gesellschaft, um einem besonderen Spektakel beizuwohnen. Mal ist es ein Ballett, dann ein Rock-Konzert. Das Theater dient als Mehrzwecksaal, auch für Dichterlesungen, was natürlich ein Minderheitsprogramm darstellt. Aber in was für einem Rahmen!

Die Brasilianer haben für alles ein Sprichwort parat. „Geld ist dazu da, um es zu verschwenden", ist eines davon. Und wahrscheinlich haben sie auch recht. Was wäre Ägypten ohne seine Pyramiden? Das gleiche, wie Manaus ohne sein „Theatro Amazonas."

Telefonitis – eine brasilianische Volkskrankheit

„Donde se pode telefonar?" – Wo kann man telefonieren?

„Hier, wenn der Chef fertig ist." Die Kassiererin im Café *Colombo* lächelt freundlich, wie alle Cariocas. Seit Tagen versuche ich, aus Rio den Direktor der DNPM – der staatlichen Verwaltung der Mineralbodenschätze – zu erreichen. Es geht um eine Besuchserlaubnis bei den Goldgräbern von Serra Pelada. An und für sich sind damit keine Schikanen, sondern nur Formalitäten verbunden. Name, Geburtsdatum, Paßnummer, Ankunft und Dauer des Besuchs mit Zweckangabe, mehr wird nicht verlangt. Auch für normale Touristen sind diese Goldminen zugänglich, man ist nämlich um ein positives Bild bemüht.

Goldrausch, ein Stück Wilder Westen in Südamerika, Bars mit Raufereien und Schießereien, Falschspieler, Huren und betrügerische Händler, die alle versuchen, den Findern ihre Goldnuggets abzuluchsen. Was ist davon übriggeblieben?

Zuerst nur das Problem, jenen zuständigen Beamten in Brasilia zu finden. Das ist bei der hiesigen Bürokratie fürwahr nicht leicht. In der Verwaltungshauptstadt Brasilia schon gar nicht. Alles funktioniert dort wie in einem Roman von Kafka. Alle Beamten sind meist da, nur derjenige nicht, den man braucht.

Das hat schon seinen guten Grund. Die Gehälter sind selbst in den Ministerien derart niedrig, daß den Beamten nichts anderes übrigbleibt, als mehrere Posten gleichzeitig zu besetzen. Dabei kommt es natürlich zu Auswüchsen. Fünf bis sieben Jobs zu ergattern und überall abzukassieren, gehört nicht nur zu den Gepflogenheiten der früheren Militärdiktatur. Wie so was dann in der Praxis läuft, zählt zu den Dingen, die nicht zu erklären sind. Man muß nur Geduld haben, irgendwo, irgendwann ist jeder einmal anzutreffen, und oft erledigt sich zum Schluß auch alles wie von selbst.

Ich habe heute vormittag schon dreimal in Brasilia bei der DNPM angerufen. Umsonst. Erst war Senhor Silvio Neves nicht da, später bereits in einer Besprechung und jetzt zu Tisch. Er kommt am Nachmittag. Vielleicht. Ich soll's wieder versuchen.

Aber eben das ist sehr kompliziert, denn eine der weitverbreitetsten brasilianischen Krankheiten heißt: Telefonitis. Wo ein Fernsprecher steht, breitet sich diese Epidemie schnell aus, und es wird telefoniert. Unendlich. Auch der Chef von *Colombo*, eines der letzten erhaltenen Jugendstilcafés der Jahrhundertwende in Rio, hängt fast eine halbe Stunde an der Strippe. Es ist Senhor Miguel, ein zusammengeschrumpfter alter Mann, eingewanderter Spanier, der noch die Glanzzeiten dieses Cafés seitlich der Avenida Rio Branco erlebt hat und jetzt zusieht, wie die Neuzeit mit Brachialgewalt einbricht.

Ein Teil des Cafés wurde wie die Wände in einer Metzgerei mit Aluminiumblech ausgelegt. Die antiken verglasten Vitrinen verstauben zunehmend. Verloren stehen ein paar leere Whiskyflaschen darin. Ein „Chivas-Regal"-Karton dient noch als Kunstwerk, armselig für ein vormals derart prachtvolles Ambiente des Raumes, mit buntem Glasdach der Mailänder Scala ähnlich.

Der alte Chef scheint sich um den Zustand seines Cafés nicht sonderlich zu kümmern. Seine Lethargie wirkt deprimierend, nur kurzzeitig wacht er auf, eben um zu telefonieren. Vielleicht schon mit dem Jenseits, denn er murmelt fast lautlos in den Hörer, und die Pausen werden immer länger.

Das Telefon bildet einen der wichtigsten Bestandteile des brasilianischen Alltags. Wenn es schon heißt, Gott sei ein Brasilianer, dann muß er auch das Telefon erfunden haben.

Gegen die Telefonitis ist kein Kraut gewachsen. Meinem Freund Rainer, ebenfalls ein Brasilien-Fan, hat seine Urlaubsverlobte Maria aus Rio nach ihrem dreiwöchigen Aufenthalt in München eine Telefonrechnung von 1400 Mark hinterlassen. Rainer konnte es gar nicht fassen. Wie kam das denn? Maria hatte zu Hause in Rio doch gar kein Telefon. Wen zum Teufel hatte sie denn dann angerufen?

Selbstverständlich die Familie, die Mutter, die Schwester, oben in ihrer bunten Baracke in den Favelas. Sie rief unten in der Kneipe an, und da rannte dann einer los, die schmalen Bergwege hoch, und holte mal die Schwester, oder was noch länger dauerte, die Mutter. Maria lackierte sich derweil seelenruhig die Fingernägel. Meist war sie damit auch fertig, bis sich die Familie an der Strippe meldete.

„*Oi, tudo bem?*" zwitscherte Maria fröhlich. „Hallo, alles klar? Und wie geht es meinen Pelargonien? Habt ihr nicht vergessen, sie zu gießen? Nein, dann ist alles in Ordnung, *tudo bem.*"

Aus meinem Sinnieren über Brasilien und das Telefon reißt mich die freundliche Kassiererin: „Die Leitung ist frei, Senhor, *por favor.*" Endlich! Der *Colombo*-Chef hat ausgeplaudert und schlendert nach hinten in sein Büro, in sein verwunschenes Schloßkabinett. Alte Rechnungen, vergilbte Kontobücher stapeln sich dort, eine alte „Adler"-Schreibmaschine, und zwischen diesem Verhau mehrere Telefonapparate. Hinter so einen verbarrikadierten Schreibtisch klemmt sich nun Miguel, zückt seinen Kugelschreiber und greift zum Telefon...

Auch ich wähle schon und wundere mich, daß ich gleich durchkomme. Es läutet, und das ist schon der halbe Erfolg. Der Klingelton ist Musik für meine Ohren. Dann schaltet sich eine Telefonistin dazwischen. Mit sonorer Chansonstimme fragt sie:

„Wen wünschen Sie zu sprechen?"

„Den DNPM-Direktor, Senhor Silvio." Auch im Amtsverkehr ist es nämlich üblich, nur den Vornamen zu benützen.

„Und wie ist bitte Ihr Name?" säuselt es vom anderen Ende.

Ich beginne Schlimmes zu ahnen. Deshalb wiederhole ich so langsam und verständlich wie nur möglich: „Senhor Thomas, Journalista."

Dreimal fragt die Telefonistin zurück. Ich buchstabiere geduldig und höre sie schließlich deutlich meinen Namen aussprechen: „Nein, bedauere, wir haben hier keinen Journalisten namens Senhor Thomas, Senhor Thomas."

Knacks! Aufgelegt. Also von neuem anfangen. Jetzt wird wohl klar, warum man in Brasilien höchstens einen Termin am Tag einplanen kann. Wohlgemerkt, ich rede nicht von erledigen.

Aber nur nicht verzweifeln, irgendwann kommt man ans Ziel. Dann ist tatsächlich Senhor Silvio am Telefon, der alles genau notiert und verspricht, daß es mit der Genehmigung in Ordnung geht. Dieser Zusage muß ich wohl oder übel trauen. Sie besagt: „Die Sache ist nicht erledigt, aber sie liegt in besten Händen", nicht mehr und nicht weniger. Ich fliege sofort los.

Der Schatz des nackten Berges

Von Rio nach Belém nehme ich die Linienmaschine. Von Belém in die Dschungelstadt Maraba geht es dann weiter mit einem Propellerflieger, der ist schon etwas enger und klappriger, mit ausgeleierten Sitzgurten und löchrigen Gepäckhaltern. Dafür fliegt man auch tiefer, was eine ausgezeichnete Sicht auf den Regenwald mit dem verwinkelten Amazonasfluß erlaubt. In Maraba gelandet, rückt das eigentliche Abenteuer näher. Die Goldgräber von Serra Pelada sind nun nicht mehr weit. Die ersten

Mit solchen Flugzeugen landet man auf der Dschungelpiste

stehen schon am Flughafen. Sie kommen gerade aus ihrem Camp, um sich in Maraba zu amüsieren.

Es sieht schlecht aus für mich, keiner will in Richtung Camp fliegen, und die Aero-Taxis starten erst vollbesetzt mit sechs Personen. Es sei denn, man ist bereit, für sechs Leute zu bezahlen, dann kann man ohne weiteres auch allein fliegen. Für einen echten Goldgräber ist das natürlich keine Frage. Zeit ist schließlich Geld. Wer wird denn unnütz am Flughafen herumtrödeln, wenn im Urwald das Gold greifbar frei herumliegt?

Ein *garimpeiro*, wie die Goldgräber genannt werden, weil sie in *garimpo*, in Geröll und Schmutz, wühlen, sitzt mir nun gegenüber auf der Wartebank. Die Flughafenhalle könnte genausogut eine Busstation sein. Hinter dem Schalter tummeln sich fast so viele Leute wie vor dem Schalter. Jeder scheint aber irgendeine Funktion zu haben. Einer kramt in Schubladen herum, der andere füllt endlose Formulare aus. Ein Typ wie Belmondo lümmelt sich im Stuhl und läßt sich die Schuhe putzen. Der Pilot persönlich, wie sich später herausstellt.

Der *garimpeiro* wird allmählich nervös. Er schaut unentwegt auf seine goldene Rolex-Uhr und schiebt seinen Strohhut immer tiefer in die Stirn. Sonst macht er einen recht ordentlichen Eindruck: hellblauer Anzug, grau-weiß gestreiftes Hemd, wie man eben sonntags in die Stadt geht. Als *garimpeiro* trägt man viel Gold. Drei dicke Ketten baumeln an seiner Brust unter dem aufgeknöpften Hemd, vier Kettchen reiben sich am Handgelenk, und dicke Klunker belasten seine wulstigen Finger: Diamant, Smaragd, Topas, Aquamarin – in Gold gefaßt. Und natürlich die Zähne: die ganze obere Reihe glänzt wie eine Opernloge. Alles pures Gold, der beste Schutz gegen Karies.

Nach einer Viertelstunde ist es dann soweit: „Serra Pelada?" murmelt der Mann.

„Si."

„Aero-Taxi?"

„Si."

Der Mann blickt wieder auf seine Uhr. Es ist schon halb eins. Die Sonne brennt gnadenlos, die Flughalle leert sich zunehmend. Allmählich kehrt absoluter Stillstand ein. Kein Mensch ist mehr da, nur ich, der *garimpeiro* und das letzte Aero-Taxi auf der Piste.

Der *garimpeiro* steht plötzlich auf. „Gehen wir? Sie zahlen für Ihren Flug, ich für die restlichen fünf Plätze, dann sind wir sechs, und wir können fliegen."

Abgemacht. Ein Indianermädchen in weißer Bluse schreibt die Flugtickets aus, die nicht größer sind als eine Kinokarte. Der Pilot taucht nach einer Weile ebenfalls auf. Er unterscheidet sich nicht viel von einem *garimpeiro*, nur trägt er einen Aktenkoffer. Die *garimpeiros*, und das ist typisch, tragen alle Umhängetaschen.

Keine Begrüßung, nur ein müder Wink. Wortlos gehen wir zur Maschine. Eine Piper Comanche, zweimotorig, deren Zustand die erste Mutprobe herausfordert: Steigt man nun ein oder lieber nicht?

In Deutschland würde man's nicht riskieren, aber hier in

Amazonas schon. Hier beherrscht die Natur selbst die Technik. Und Rost ist das stärkste Element. Es hat das Armaturenbrett völlig zerfressen. Überall klaffen Löcher, die meisten Instrumente sind blind, die Zeiger hängen abgebrochen in den Rundungen. Der Motor aber, der springt beim ersten Startversuch an. Das läßt das Vertrauen in diese vom Sturm geschädigte Kampfmaschine wachsen.

Mit den ersten schnellen Propellerumdrehungen rollen wir sofort los. Kein langes Funkpalaver mit dem Tower. Wer fliegen will, gibt sich selbst das Okay. Er kennt sich hier schon aus.

Schnell heben wir ab und schweben gleich über dem grünen Dschungel den finsteren Wolken entgegen. Regenwald. Das ist nicht nur ein Name. Über dieser grünen Hölle dampft es wie aus tausend Schornsteinen. Dutzende von schillernden Regenbogen bilden sich rundum. Der Himmel ist mit Wolkenstreifen überzogen. Grau, dunkelblau, tiefschwarz, und zwischendurch dringen ein paar gebündelte Sonnenstrahlen durch wie Goldfäden. Ein unglaubliches Naturtheater, ein Schauspiel aus Licht und Schatten, wie man es nur in diesen Breitengraden beobachten kann.

Die Maschine hoppelt vom Seitenwind gebeutelt, der Pilot und der *garimpeiro* schweigen. Nur ihre Augen verraten Wachsamkeit. Wir nähern uns dem Ziel. Noch hängt die Maschine in einer grauen, undurchsichtigen Wolke, aber die Motoren heulen auf. Wir beginnen mit dem Landeanflug. Wo ist die Landepiste?

Erst knapp vor dem Aufsetzen taucht sie auf, eine etwas breitere, mit Löchern übersäte Lehmstraße. Die aufsteigenden Regendämpfe schlagen sich als Kondenswasser in der Kabine nieder. Es tropft von der Decke. Bei der Landung spritzen Fontänen hoch. Die Maschine kommt zwischen den Pfützen ins Schleudern. Schlamm verschmutzt die Frontscheibe wie bei einem Rallye-Slalom. Von Serra Pelada, dem Ort der rund 8000 *garimpeiros*, ist nichts zu sehen, nur eine Holzbaracke als Posten der Lagerpolizei. Jetzt zur Mittagszeit ist sie geschlossen.

Wir klettern aus der Maschine. Der Pilot hat es eilig. Mit seinem Köfferchen macht er sich auf den Marsch zum Dorf und läßt uns zurück. Was passiert nun?

Der *garimpeiro* schaut auf seine Uhr. Punkt eins. „Um zwei werden sie kommen", sagte er fast lautlos, sackt auf die Holzbank und verharrt für die nächste Stunde in Regungslosigkeit. Ich inspiziere den Bretterverschlag. Nichts deutet auf irgendeine Tätigkeit hin, die hier jemals ausgeübt worden wäre, außer der verdreckten Latrine. Aber die kann man wegen des dicken Fliegenschwarmes nicht mal betreten.

Die stechende Sonne trocknet die Regenpfützen aus. Die Hitze staut sich jetzt über der Lehmpiste. Nur nicht aus dem Schatten treten.

Ich lege mich unter dem Dach auf einen Tisch, die Kameratasche als Kopfkissen, und merke gar nicht, wie mich der Schlaf übermannt. Plötzlich wache ich auf, sehe den *garimpeiro*, der ebenfalls eingenickt ist. Sein Gold glänzt im Schatten. Eine Szene wie aus einem Western-Film. Ein Geländewagen mit zwei bewaffneten Militärpolizisten und zwei Zivilbeamten prescht heran. Sie verlangen meinen Paß. Einer der Beamten kramt in einem Aktenkoffer, den ich bereits kenne. Der Pilot brachte ihn bei unserem Flug mit dem Aero-Taxi mit. Darin liegt auch meine Besuchserlaubnis. Sie ist also doch bis hierher durchgedrungen. Der *garimpeiro*, der mit mir ankam, wird nicht kontrolliert. Man kennt ihn.

Er lebt bereits seit sechs Jahren im Camp, ein Mann der ersten Stunde. Auf der Fahrt ins Goldgräberdorf taut er unerwartet auf. Langsam beginnt er zu erzählen, wie es angefangen hat.

Vor sechs Jahren, 1980 muß es gewesen sein, tauchte ein Mann in einer Bar von Maraba auf. Er schmiß eine Lokalrunde nach der anderen, und die Striptease-Tänzerin mußte nur für ihn auftreten. Sie sollte sich splitternackt ausziehen und sich danach auf die Theke legen. In der Bar wurde es mucksmäuschenstill. Alle sahen gebannt auf das, was nun folgen würde.

Der Mann griff in seinen Rucksack. Es war noch nichts zu erkennen, als er seine geschlossene Hand herauszog, erst als er etwas auf das Mädchen herunterrieseln ließ. Er bestreute es von Kopf bis Fuß, die Schicht wurde immer dicker, und es glänzte unverkennbar: Goldstaub. Der Mann hatte einen Rucksack voller Goldstaub, den er angeblich in dieser Gegend gefunden haben wollte. Der Fluß, so berichtete er, sei voll davon. Aus dem Schlamm von Rio Grota Rica habe er ihn herausgespült, an den Ufern vom Serra Pelada – dem nackten Berg.

Mehr wollte niemand wissen. Noch in der gleichen Nacht brach das Goldfieber aus. Hunderte von Menschen aus Maraba schlugen sich den Weg durch den Urwald mit der Machete frei. In wenigen Wochen folgten weitere Massen. Bald waren es 10 000 Menschen, die den Flußschlamm umwälzten.

Dem *garimpeiro* leuchten die Augen, als er mir dies erzählt. Derweil schüttelt uns die Autofahrt gründlich durch, und die ersten Spuren der Goldgräber werden bereits sichtbar. Zelte aus schwarzen Plastikplanen. An den Schlammteichen gurgeln kleine Benzinmotoren, die Wasserpumpen antreiben. Zerlumpte, bis zur Unkenntlichkeit verschmierte Männer stehen an ihren primitiven Holzgestellen. Gestein und Gerümpel – daher auch ihr Name *garimpeiros*.

„Früher", erfahre ich von dem Goldsucher, an den ich näher heranrutschen muß, weil auf dem Weg noch andere Männer in den Geländewagen zusteigen, „früher war es hier ganz anders. Viel mehr Leute tummelten sich hier in der Gegend, und das Leben war gefährlich. Alle trugen Waffen, und abends gingen sie in die Bars."

Der *garimpeiro* deutet mit dem Daumen in den Mund: *„Muito cachaca"* – viel Zuckerrohrschnaps. Sehr viel sogar. Die betrunkenen *garimpeiros* gerieten schnell in Streit. Es endete oft tödlich.

„Früher gab es hier auch Frauen. Viele Huren. Nicht nur aus Maraba, sondern von überallher, aus Manaus und sogar aus

Equitos, das an der Grenze zu Ekuador liegt."

Eine richtige Völkerwanderung hatte dieser Goldrausch ausgelöst und damit auch eine Welle von Kriminalität. In Serra Pelada war man seines Lebens nicht mehr sicher. Raubüberfälle, Mord und Totschlag waren an der Tagesordnung – bis Major Curio kam. Er war wie ein Marshal und griff hart durch. Erst verbot er im Lager den Alkohol, dann verjagte er alle Frauen und verteilte die Claims unter den Goldsuchern neu. Seitdem herrschen in Serra Pelada geordnete Verhältnisse.

Dies ist überall sichtbar. Am Hauptplatz angekommen, überrascht vor allem die Sauberkeit. Der Lehmboden ist gekehrt, vor den Holzbaracken stehen Mülltonnen. Fast erinnert mich das Ganze an einen Kasernenhof, und ich verschaffe mir den ersten Überblick: In der Mitte ein Appellplatz mit zwei Fahnenmasten – für die brasilianische Fahne und die des Bundesstaates Para – und einer Tribüne für die Offiziere. Die Stirnseite bilden die Holzbauten der DNPM-Verwaltung, daneben die Goldschmiede und die Bank, die von den *garimpeiros* zum Tageskurs das Gold aufkauft. Und es gibt auch eine Post mit einer Telefonzentrale. Davor steht eine lange Schlange von Leuten. Die Wartezeiten auf ein handvermitteltes Gespräch betragen mehrere Stunden, sagt man mir.

Die entgegengesetzte Seite des Platzes bilden Läden mit allerlei nützlichem Zeug, Lebensmittelgeschäfte und viele offene *lanchonetes*, Imbißstuben, wo es Honigkuchen und Spiegeleier gibt, Tee, Milch und Kaffee, Rhabarbertorte und sonstige Süßigkeiten, mit klebrigem Zuckerguß konserviert. Schon von weitem fallen die Metzgereien durch dunkle Fliegenschwärme auf. Offenbar als besondere Delikatesse hängen dort Kuhmägen samt der knorpeligen Speiseröhre an den Haken. Von Zeit zu Zeit klopft der Schlachter mit seinem langen Messer auf das blutige Stück. Hunderte von Fliegen schwirren heraus. Mir dreht sich mein Magen um. Wie hier mit dem Fleisch umgegangen wird, läßt die Existenz jeglicher Gesundheitsbehörde verspotten.

Was sonst noch nicht zu übersehen ist, sind die zahlreichen Hinweisschilder auf Dentisten – Zahnklempner im wahrsten Sinne des Wortes –, die hier ebenfalls ihre Goldgruben fanden. Sie löten, drahten und nieten pfundweise das Edelmetall in den Mund. Das Goldgebiß bedeutet dem *garimpeiro* ungefähr ebensoviel wie dem Seemann die Tätowierung.

Der Lagerdirektor, Herbert Almeida, ist ein sanfter Mann. Untersetzt, mit rundlichem Bäuchlein, gemütlichem Vollbart, würde man ihn eher in einer wissenschaftlichen Bibliothek vermuten als hier in der Wildnis. Er reicht mir die Hand und bietet mir einen Stuhl an. Auf dem zweiten sitzt er selbst, an einem langen Tisch. Sonst gibt es keine Möbel in seinem Büro. An der Wand hängt eine geologische Landkarte und ein riesiges Schwarzweißfoto, das die Goldmine wie einen Ameisenhaufen zeigt. Die Arbeiter roden den Urwald und tragen den Berg Schicht für Schicht ab. Seit zwei Jahren lebt Herbert Almeida mit sechs weiteren Mitarbeitern hier.

Ein kurzer Blick aus dem Fenster. Gleich wird es wieder regnen.

„Das ist gut, wir brauchen viel Regen", bemerkt Almeida.

„Warum", wundere ich mich.

„Der Regen erspart uns jede Menge Arbeit", erklärt Almeida. „Die Wassermassen spülen die Erde weg, und wir müssen nicht soviel graben. Das ist im Moment unser größtes Problem: Seit fünfunddreißig Tagen wurde kaum Gold gefunden. Aber irgendwann müssen wir wieder auf eine Goldader stoßen!"

Inzwischen donnert es mächtig. Der nächste Regenguß prasselt mit Wucht hernieder. Tausende Liter Wasser bringen die aufgeweichten Berghänge ins Rutschen.

„Wie hoch ist die Tagesproduktion normalerweise?" frage ich.

„Hundert Kilo am Tag, gestern waren es nur sechs Kilo, aber die Männer verlieren die Hoffnung nicht. Das war schon immer so. Vom ersten Tag an. Der Berg hier gibt seinen Schatz nicht leicht frei."

Almeida erzählt mir die Geschichte, die hier jeder kennt: Wie man auf das erste Gold gestoßen war. Ein *garimpeiro*, ein Nachzügler, der zu spät kam und am Fluß keinen Platz mehr für sein Sieb erwischte, wollte alle überlisten. Er kletterte auf den Morro da Babilonia, den Hügel Babylon, um den der Fluß einen Bogen macht. Dort feuerte er ein paar Schüsse in die Luft und fuchtelte wild mit einem Goldnugget, das er heimlich mitgebracht hatte. „Ich habe es auf dem Hügel gefunden", rief er und hoffte, damit die Leute irrezuführen und den Fluß für sich zu haben. Und tatsächlich fielen die Massen wie die Termiten über den Berg her. In einigen Tagen fand ein *garimpeiro* einen Goldklumpen, der zehn Kilo wog. Der andere Schlauberger hatte sich verrechnet. Im Fluß suchte er vergebens. Eine Geschichte, wie sie das Leben schreibt. In Serra Pelada glaubt man sie auch.

Sicher hätte Almeida noch mehr von den frühen Tagen im Camp erzählt, aber der Regen hatte aufgehört. Nun stürmen Tausende von Menschen zur Goldmine, um die neue Lage zu begutachten. Auch Almeida nimmt seinen VW-Käfer, und ich fahre mit. Hinter der letzten Baracke bietet sich ein gigantisches Panorama. Wie eine Mondlandschaft erstreckt sich eine nackte Bergkette vor uns. Das Rostrot dominiert, und die freigelegten Erdschichten wechseln ihre Farbe in der Abendsonne. Alle Zwischentöne von Bronze sind zu sehen, die gesamte Blauskala, Schwarz mit Schattierungen von Grau bis Anthrazit. Im braunen Schlammfluß glitzert Quecksilber und flimmern glänzende Ölspuren. Wie ein Heer von römischen Sklaven schreitet eine zerlumpte Menschenmenge die Böschung hoch. Dahinter klafft ein riesiger Krater von gut tausend Meter Durchmesser – die Mine. Der Vergleich mit einer Braunkohlenmine hält nur bedingt stand, eher trifft das Bild einer offenen Hölle zu. Am Rande drängeln sich Menschen. Alle blicken die verschlammten Hänge hinab. Manche *garimpeiros* hocken knapp am Abgrund oder strecken sich nach vorn, als wollten sie abheben.

Der Berg von Serra Pelada wird Schicht für Schicht abgetragen, bis Krater wie auf dem Mond entstehen

Die Männer rufen sich Kommentare zu. Ein Stimmengewirr schwirrt in der Luft. Aber die Stimmung bleibt ruhig. Keine Spur von Aufregung. Die Männer haben längst erkannt, daß auch dieser Regenschauer keinen Goldsegen gebracht hat. Sie werden morgen wieder mit Schaufel und Pickel gegen den Berg ausrücken müssen. Und damit sich Kleinmut nicht breitmacht, beginnen sie, laut von Gold zu reden. Auch Almeida spricht davon: „Die Höchstproduktion lag früher mal bei zweieinhalb Tonnen Gold im Monat."

„Und der größte Fund?"

„Das war eine *pepita*, ein Nugget, so groß wie ein Menschenkopf: 62 Kilo schwer. Der Finder hieß Julio Filho, sein Name ist eine Legende."

Auch den Namen Parazinho kennt jeder: einer der größten Glückspilze von Serra Pelada. 600 Kilo Gold fand er in zehn Tagen, darunter *pepitas* von 30 bis 40 Kilo Gewicht. Doch in diesem Parazinho steckte mehr als nur ein einfacher *garimpeiro*. Er verstand es, mit System zu arbeiten, gründete Kollektive, die, am Gewinn beteiligt, um so fleißiger nach Gold schürften. Parazinho lebt inzwischen als reicher Mann in einem feudalen Haus in Maraba – und hat sich in viele gewinnträchtige *barrancos*, so heißen die Claims, eingekauft. Jetzt kassiert er kräftig für seine Anteile.

Die Jahresproduktion wuchs von 2,6 Tonnen im Jahre 1981 bis auf fast 20 Tonnen in 1984. Doch als mir Almeida diese Zahlen nennt, merke ich, daß ihn, genau wie alle Männer hier, der Gedanke beschäftigt, ob sich der Berg wohl erschöpft hat. Zumindest bei der bisherigen Methode des Abbaus scheint nicht mehr viel Gold aus der Erde zu holen sein. Moderne Maschinen müßten her, die das ganze Bergmassiv zermalmen könnten. Der Tag wird auch kommen, wo die 8000 Männer weggeschickt werden und ein Koloß auf Schienen mit Hunderten von automatischen Baggerschaufeln sich in die Erde frißt. Aber noch redet keiner von diesem Tag. Noch träumt jeder vom großen Glück und tröstet sich mit Goldgräbermärchen.

Das Leben der Garimpeiros

Die Männer schlendern nach dem großen Regen zurück ins Lager. Almeida zeigt mir meine Unterkunft. Eine Koje in einem Bretterverschlag, reichlich mit abgegriffenen Aktfotos tapeziert. Eine Tür führt zum Gemeinschaftsraum, wo auch gespeist wird. Die Einrichtung beschränkt sich auf einen Tisch und eine Holzbank. Nur der Chef hat noch einen abgewetzten Sessel, vormals Fahrersitz aus einem Omnibus. Wieviel Komfort braucht der Mensch sonst noch? Eine Toilette und eine Dusche und eine überdachte

Veranda zum Ausruhen.

Es ist fünf Uhr nachmittags. Feierabend. Die Männer der Lagerleitung trudeln allmählich ein. Alle reden vom großen Regen und daß es morgen mit dem Buddeln weitergehen kann. Sie duschen, einige greifen zu Hanteln. Körpertraining als Sex-Ersatz. Da schwitzt man die restliche Energie an einem Kraftgerät aus. Bis acht Uhr hat man dazu viel Zeit, dann gibt es Abendessen. Ich beschließe, im Lager einen Rundgang zu machen. Die meisten *garimpeiros* haben sich auf dem Hauptplatz versammelt. Sie stehen rum, plaudern miteinander und schauen mich neugierig an. Es kommt eben selten vor, daß ein Fremder sich hierher verirrt. Die Atmosphäre ist friedlich. Nicht einmal meine Kamera erweckt Aggressionen. Einige Männer sprechen mich an.

„Reportagem?" – *„Manchete?"* Das ist eine brasilianische Illustrierte mit vielseitigen Bilderberichten über Land und Leute.

Doch als ich verneine und etwas anderes erzähle, stiftet dies nur Verlegenheit.

„Alemanha." Die Männer schauen mich mit kindischen Augen an. „Ich schreibe ein Buch über Brasilien", versuche ich ins Gespräch zu kommen.

Langsam bildet sich ein Kreis um mich. Ein hagerer, großer Mann wirft ein: *„Alemanha oriental ou ocidental?"* – Deutschland Ost oder West.

„Ocidental", antworte ich.

Der Mann nickt, die übrigen scheinen überhaupt nicht zu begreifen, worum es geht. Nur derjenige, der vorhin gefragt hat, will mehr wissen. Aus welcher Stadt ich komme. „Ich stamme aus São Paulo", fügt er hinzu. „Die Leute nennen mich hier Professor, aber ich war nur Lehrer an der Volkshochschule, bis ich irgendwann von Serra Pelada hörte. Da hat mich das Goldfieber gepackt."

„Seit wann sind Sie hier?" interessiere ich mich.

„Es werden bald fünf Jahre."

„Und schon viele *pepitas* gefunden?"

„Nein." Der Lehrer schüttelt den Kopf. „Ein richtiges Nugget habe ich nie gefunden. Ich habe nur aus dem Fluß ein paar Körnchen Gold herausgewaschen. Das größte Stück wog vielleicht vier Gramm." Der Lehrer zeigt mir, wie groß sein Goldfund gewesen ist: wie der halbe Nagel vom kleinen Finger. Großes Glück hat er nicht gehabt.

„Warum sind Sie geblieben?"

„Weil es mir hier gefällt. Ich habe mich zu sehr an das Leben im Lager gewöhnt. Und ich weiß ja nicht, ob ich sonstwo Arbeit finde. Hier repariere ich die Pumpen, besorge Ersatzteile, und gelegentlich kommt jemand zu mir und sagt: Hey, Professor, du kannst lesen und schreiben, bring es mir auch bei."

„Können die Leute hier nicht schreiben?"

„Vielleicht nur zehn Prozent", sagt der Lehrer. „Der Rest sind Analphabeten. Wenn sie an die *compania* ihr gefundenes Gold verkaufen, machen sie auf der Quittung nur drei Kreuze. Wo Deutschland liegt, weiß kaum einer."

Während der Lehrer erzählt, finde ich in meiner Hosentasche einen Schlüsselanhänger. Ich hab ihn in Bahia gekauft. Es sind zwei Figuren, die sich umarmen. Der Mann hat ein steifes Glied, und die Frau sitzt auf seinem Schoß. Das Ganze läßt sich wie eine Schere bewegen. Ich hole das Ding heraus. Die Männer johlen. Einer will dieses Souvenir unbedingt haben, und ich schenke es ihm. Der *garimpeiro* lacht glücklich. Dann fingert er in seiner Umhängetasche herum. Offenbar sucht er ebenfalls nach einem Geschenk für mich. Sein Gesicht verrät bald, daß er etwas findet: ein kleines Nugget. Die Männer um mich lachen fröhlich, ein Mund voller mit Gold als der andere.

„Ist für dich, *amigo*", sagt der *garimpeiro*, stolz auf den Porno-Schlüsselanhänger. Heute abend hat er damit die Show für sich gepachtet. Das ist schon ein Goldnugget wert. „Morgen werde ich sicherlich wieder Gold finden. Es muß noch welches im Berg stecken", verabschiedet er sich.

Beim Abendessen berichtet der Lagerchef, warum man die Stellung halten muß, selbst wenn es ein Jahr lang kein Goldvorkommen geben sollte: „Die Leute würden es nie glauben. Wenn die Gesellschaft ihre Zelte hier abbricht, buddeln sie trotzdem weiter. Und ohne Aufsicht würden die Wildwestzustände zurückkehren."

Es gibt noch einen Grund: Etwa dreißigtausend Menschen verdienen ihr Geld als *garimpeiros* in brasilianischen Goldminen. Die meisten ernähren damit ihre Familien, die irgendwo im Urwald leben. „Aber was sollten diese Leute machen, wenn man Maschinen einsetzt? Mehr als fünf-, sechshundert würde man kaum weiter beschäftigen können, und der Rest müßte nach Hause gehen und verhungern. Das ist das große Problem", sagt Almeida, und man sieht es ihm an, daß ihm das Schicksal der *garimpeiros* am Herzen liegt. Das Gefühl, eine gute Gemeinschaft zu sein, hilft auch über die trostlose Zeit im Lager hinweg. Eigentlich ist das hier eine Strafkolonie für Freiwillige, die härteste Gefangenenarbeit verrichten.

Das Abendessen am Cheftisch besteht nur aus einem Gang: ein Teller voll mit Nudeln und ein Stück Fleisch. Es ist zäh und bleibt zwischen den Zähnen stecken. Es herauszupulen, ergibt die Beschäftigung für den langen Abend. Dazu läuft das Fernsehen. Einer der Männer greift zur Gitarre. Bier gibt es nicht einmal für die Direktion. Nur Limonade und Mineralwasser. Gegen zehn Uhr abends hört man schon das erste Schnarchen aus den Kojen. Auch draußen ist die letzte Milch- und Teebar dicht. Für Brettspiele sind die Männer viel zu müde. Aus einigen Baracken klingt leiser Gesang, begleitet von der Gitarre und dem unentbehrlichen Trommelrhythmus. Aber auch dieser Herzschlag des Lagers erlahmt bald, die Samba-Keule fällt zu Boden, und statt eines Gebets erhebt sich nur der eine Seufzer: „Gold – morgen muß es welches geben!"

Die Nacht ist ruhig. Kein Hund bellt, und bei Sonnenaufgang kräht kein Hahn. Im Lager gibt es keine Haustiere. Man hat eben nicht nur die Frauen verboten, sondern alles wegrationalisiert, was nur irgendwie Unruhe stiften könnte. Also kann es auch keine Hühner- oder Eierdiebe geben, nur ehrliche Goldgräber.

Sie stehen morgens um sechs Uhr auf. Bevor die Arbeit beginnt, heißt es wie beim Militär zum Morgenappell auf dem Hauptplatz anzutreten. Die Lagerpolizei rückt aus, hißt die Fahne. Vom Plattenspieler krächzt die Nationalhymne, und alle stehen stramm. Danach spricht Lagerleiter Almeida mit der innigen Stimme eines Pfarrers zu den Männern. Man würde die berühmte Nadel fallen hören. In dieser Stille klackt der Auslöser meiner motorangetriebenen Kamera wie ein Maschinengewehr.

Almeida listet, wie schon beim gestrigen Abendappell, die Ergebnisse der Goldproduktion auf, gibt die aktuellen Goldpreise bekannt. Zum Schluß mahnt er zur Vorsicht: „Arbeitet langsam,

Die Garimpeiros von Serra Pelada arbeiten heute noch wie damals, als der Goldrausch begann

und achtet auf die Sicherheit." Er wünscht: *Bom dia, bom trabalho"* – guten Tag und gute Arbeit.

Gut dreitausend Männer rücken jetzt zum Minenkrater aus. Es bildet sich eine Menschenkette, die sich wie ein Ameisenzug windet. Hundert Meter tief liegt die Kratersohle, und um acht Uhr klettern die ersten Kulis hinunter. Es sind die Tagelöhner, die auf ihren Schultern Säcke voller Geröll, vermischt mit Schlamm, hinaufschleppen. So ein Sack wiegt fünfzig Kilo. Der Aufstieg beginnt im Zickzack über ein System von Leitern von einem Felsplateau zum nächsten. Oben angelangt, geht der Marsch erst richtig los: Bis zu einem Kilometer weit ist die Last zu schleppen, von dem Minenquadrat bis zum Waschbrett an einer Wasserstelle. Diese Kulis, *diaristas* genannt, verrichten die schwierigste Arbeit bei geringstem Lohn. Sie erhalten zwei bis drei Mark pro Sack, wenn sie flott sind, schaffen sie zwanzig Mark am Tag. Oft sind unter den Kulis Kinder, fünfzehnjährige Knaben, die wieselflink den Hang hinaufklettern. Verschnaufpause gibt es erst auf dem Rückweg, wenn der Sack leer ist.

Die Arbeit an der Goldmine ist nach einem hierarchischen System organisiert. Das Gebiet des goldtragenden Morro da Babilonia hat man in etwa 1200 Quadrate aufgeteilt – die *barrancos*. Dort wird gebuddelt. Besitzer sind die *garimpeiros* selbst, die sich Hilfskräfte beschaffen. Dem mechanischen Förderband ziehen sie Kulis vor, weil sie billiger und pannensicherer sind. Menschenmaterial braucht keine Ersatzteile. Wo ein Kuli ausfällt, rücken gleich zwei andere nach.

Außerdem gehört zu jedem Claim eine Wasserstelle zum Goldwaschen. Dort arbeitet ebenfalls ein Kollektiv. Tagelöhner oder gewinnbeteiligte Claim-Mitbesitzer. Daß sich dieses relativ demokratische Prinzip hält, beruht auf einem brasilianischen Umstand: Jeder in Brasilien darf das Gold, das er findet, behalten, nur muß er es dem Staat zum Ankauf anbieten.

Das menschliche Förderband aus dem Minenkrater reißt nicht

ab. Wie bei einer gespenstischen Operninszenierung klettern die Kulis hoch – „Rheingold!" In meinem Kopf dröhnt die Wagner-Musik dazu. Paukenschläge und Bläserchöre. Doch wenn man diesen Leuten begegnet, verfliegt das Gespenstische der Szene. Sie lachen, trotz unmenschlicher Anstrengung. Das Thermometer klettert stündlich. Sind es am Kraterrand 40 Grad, so herrscht unten in der Mördergrube eine Teufelshitze von 70 Grad.

Die Felswände, von der Sonne aufgeheizt, glühen wie eine Herdplatte. Spätestens gegen zehn Uhr legen diese Temperaturen die Arbeit lahm. Es wird unerträglich.

Die Kulis suchen den Schatten. Sie können ihrem Körper kaum Flüssigkeit zuführen, da ist nämlich ein Versorgungsproblem. Im Minengebiet gibt es kein Trinkwasser, und es ist hier eben nicht die Copacabana, wo die Strandverkäufer mit ihren Kühlboxen rumlaufen. Es wird auch nur einmal am Tag, erst am Abend, gegessen. Es gibt einen Teller Reis, ein paar Salatblätter, vielleicht ein paar Gramm Fleisch, trocken wie eine Schuhsohle.

Doch die Leute hier scheinen alles zu ertragen: Hitze, Hunger, Durst, und sie murren nicht. Nach ihrem mühsamen Aufstieg aus der Grube lachen sie vor meiner Kamera, ein richtiges Lachen. Kaum habe ich einen Kuli fotografiert, ruft schon der andere: „Mich auch." Und er wird nicht böse, wenn ich abwinke. Ein fröhliches Lächeln, den Daumen nach oben gestreckt – *tudo bem*, alles klar.

Heute war der sechsunddreißigste „goldlose" Tag.

Ich beschließe, vor meiner Abreise heute mittag nochmals den Lehrer aus São Paulo aufzusuchen. Ich brauche nur nach dem Professor zu fragen, und schon zeigen mir die Leute den Weg, der sich einen Hügel hinaufschlängelt. Ich gehe durch eine Barackensiedlung und schaue durch die offenen Türen. Erstaunlich sauber sind die sorgfältig gezimmerten Bretterbuden. Alle Fensterläden schließen, keine Tür hängt aus der Angel. Nirgendwo liegen Abfälle herum, kein Gestank stört die Nase. Für den Regen hat man sorgfältig Rinnen gegraben und Bretter als kleine Stege drübergelegt. Manche Kooperativen haben ihr Haus mit einem hohen Zaun aus stabilen Latten und großzügigen Höfen dahinter zu regelrechten Festungen ausgebaut. Unter den luftigen Dächern spielen jetzt die Männer eine Art Dame. Vielleicht als Ersatz für wirkliche Frauen, deren Abwesenheit sich aber durchaus positiv auf die Männerwelt auswirkt. Die Haushalte werden offensichtlich pingelig geführt, die Kochtöpfe stehen wie die Glasbehälter in einer Apotheke aufgereiht in Regalen. Sie blitzen vor Sauberkeit. Fast unwirklich erscheinen mir diese guten Stuben mitten im Dschungel.

An der letzten Hütte treffe ich den Professor. Er repariert gerade mit Hammer und Nägeln sein Dach. Die schwarze Plastikplane bekam bei dem gestrigen Regen einige Risse.

„Das Baumaterial bekommt man hier gratis", erklärt er und lädt mich zu einer Tasse Tee ein. Wir sitzen in seinem Garten, zumindest nennt der Professor diese paar Quadratmeter Staub und Erde so. Nur mühsam behaupten sich die spärlichen Gewächse in der prallen Sonne. Zwiebeln und *cabacas*, Flaschenkürbisse ohne Fruchtfleisch. Man nutzt die harte Schale als Kalebasse. Oben abgesägt, dient sie als Trinkbecher, oder man hängt sie als Dekoration an die Wand. Bei den Einheimischen heißt es dann, das seien Jungfernhäutchen.

Noch einen Nutzen aber hat dieses ungenießbare Gewächs: Die Oberfläche abgeschmirgelt, auf Hochglanz lackiert und mit kleinen Kugeln gefüllt, rasselt man damit den Sambarhythmus. Ob Jungfernhaut oder Samba-Keule, bei dem Professor hängt eine ganze *cabaca*-Sammlung an der Bretterwand. Sonst besteht die Einrichtung nur aus einem Bett aus Brettern, einem Gaskocher, zwei Regalen voll mit Küchengeschirr und einigem Werkzeug. Der Tisch und eine Sitzbank befinden sich im Freien. Hier sitzen wir nun, und der Professor macht seine Ausführungen:

„Eine Welt ohne Frauen. Man gewöhnt sich daran. Die Männer

werden wie Kinder, gutmütig und harmlos, und dann die Arbeit. Die macht stumpfsinnig. Jeden Tag im Quadrat zu graben, im Schlamm zu wühlen – aber nach einer gewissen Zeit fängt man an, diesen Ort zu lieben."

Ich blicke skeptisch auf die Umgebung. Bei aller Ordnung und Sauberkeit entdecke ich nichts, wozu ich eine besondere Beziehung entwickeln könnte. Zu dem grünen Unkraut, zur roten Erde, die sich bei Regen in Schmierseife verwandelt, zur hohen Luftfeuchtigkeit? Und trotzdem. Irgendwo spüre ich eine Faszination, die von diesem Ort ausgeht.

„Es sind die Leute", meint der Professor. „Das hier ist vielleicht die friedlichste Siedlung in ganz Lateinamerika. Sie werden es nicht glauben, aber hier leben auch sehr reiche Leute."

„Wie bitte?" Habe ich etwa falsch gehört? „Reiche Leute?"

„Jawohl", bestätigt der Professor. „Männer, die mal vor Jahren Gold gefunden haben und sich für das Geld wahre Schätze gekauft haben: Goldschmuck, Uhren, Edelsteine, Ringe, Halsketten. Und mit diesem Schatz leben sie nun hier."

„Warum?" Ich begreife immer noch nicht.

„Warum? Weil der Berg sie nicht losläßt. Dieser Berg hat eine magische Kraft. Die meisten Leute, die vor sechs Jahren gekommen sind, sind bis heute noch hier. Auch wenn sie kein Gold gefunden haben."

Ich schaue den Professor an, sein offenes Gesicht, seine freundlichen Augen. Mein Bild von einem Goldgräber beginnt sich zu ändern. Es ist nicht wie in den Westernfilmen. Die Realität sieht ganz anders aus, nüchtern, der Romantik beraubt und vom Naiv-Gemüt der Goldgräber geprägt. Die haben etwas mit den Anglern gemein. Die Geduld. Das Warten.

Der Professor scheint meine Gedanken zu lesen. „Bleiben Sie noch ein bißchen bei uns! Sie werden sehen, Sie schreiben dann keinen Bericht über die Goldgräber mehr. Sie werden selbst einer."

Mit diesen Worten verabschiedet er mich. Ich schlendere zurück zum Hauptplatz. Ein Kleinlaster der DNPM soll mich um halb zwei wieder zur Flugpiste bringen.

Vor der Schmiede stehen ein Haufen Leute: Die *garimpeiros* bringen ihre Funde zur Aufkaufstelle. Ich sehe nur schwarzen Staub in Zeitungspapier verpackt oder in einem Säckchen. Der wird mit einem weißen Pulver vermischt und in einen Asbestbecher geschüttet. Ein Gasbrenner erhitzt das Gemisch. Dabei entstehen giftige Dämpfe. Die Männer am Feuer tragen eine Filtermaske vorm Gesicht.

Die Prozedur dauert fünf bis sechs Minuten, danach wird die Glut ins Wasser gegossen. Wieder schießen chemische Dämpfe empor, und der nächste Arbeitsgang folgt. Der Schmied fischt die abgekühlte Masse, die zu einem schwarzen Klumpen zusammengeschmolzen ist, aus dem Wasser. Auf eine Eisenplatte gelegt, klopft er den Klumpen mit dem Hammer platt. Und in diesem Augenblick steigt die Neugier. Die wartenden *garimpeiros* strecken die Köpfe über dem Schmiedetisch zusammen. Es ist wie beim Würfeln: Welche Zahl wird fallen?

Der Schmied holt aus, zwei Hammerschläge fallen auf das faustgroße Erzstück – der Goldkern würde kaum für eine Zahnlückenfüllung reichen. Außerdem hat er nur 14 Karat, wie nebenan auf der Waage festgestellt wird.

Der verhärtete Klumpen des nächsten *garimpeiros* ist nicht größer als eine Haselnuß. Ein Hammerschlag, und die papierdünne Schale zerspringt. Der Goldkern erweckt laute Bewunderung. „Das müssen mindestens 40 Gramm sein."

Die *garimpeiros* können gut schätzen: 37 Gramm zeigt die Waage. Zum Tagespreis von 5900 Cruzeiros, also damals 13 Mark pro Gramm. Das macht immerhin fast 500 Mark. Ein Vermögen für den Mann, der jetzt verlegen um sich schaut.

„Was machen Sie mit dem Geld?" frage ich ihn.

Er blickt mich an wie ein braver Sohn, der gerade sein Weihnachtsgeschenk ausgepackt hat: „Ich weiß es nicht."

„Haben Sie schon öfter Gold gefunden?" versuche ich den Mann ins Gespräch zu verwickeln.

„Ja, ich habe so jede Woche zehn bis fünfzehn Gramm."

„Obwohl in der Mine zur Zeit kaum Gold gefördert wird?" wundere ich mich.

„Ich arbeite unten am Fluß", erklärt mir der Mann. „Ich habe dort eine Waschstelle gekauft, und aus dem Schlamm kann man immer was herausholen. Aber es ist wenig. Vierzig Gramm wie jetzt ist schon ein großes Glück. Das ist das Ergebnis von einer Woche. Wenn man in der Mine arbeitet, kann man auf eine Goldader stoßen und gleich ein paar Kilo haben. Das ist der Unterschied."

Ronaldo, so heißt der glückliche *garimpeiro*, läßt noch eine Weile das Nugget in der Sonne glänzen. Ich schenke ihm eine leere Filmhülle als Etui. Im Nu scharen sich die anderen Männer um mich. Ob ich noch mehr von diesen Plastikdosen habe, möchten sie wissen. Ich verschenke die letzten vier und habe das Gefühl, die *garimpeiros* freuen sich so, als hätten sie Gold gefunden.

Dann wird es Zeit zum Aufbruch. Almeida gibt mir noch einige Informationen, statistische Zahlen, und ich fahre zurück zur Piste. Noch einmal fliege ich über den Regenwald. Wir überqueren drei Wetterzonen, und am Flugplatz von Maraba dampft es wie in einer Sauna. Die Polizei macht eine flüchtige Gepäckkontrolle, um sicherzugehen, daß ich kein Gold rausgeschmuggelt habe. Nein, nichts dabei. Das winzige Nugget für den Schlüsselanhänger haben sie nicht gefunden.

Zugegeben. So ein selbstgefundenes Nugget hätte ich schon gern besessen. Es hat seinen besonderen Reiz, wenn man es aus Schmutz und Schlamm herauswäscht, eigentlich aus Dreck. Und ich beginne den Professor zu begreifen, wenn er meint: „Goldgräber zu sein, heißt den Geheimnissen der Erde auf die Spur zu kommen."

So einen dicken Goldklumpen findet man selten, doch die Garimpeiros leben von der Hoffnung

Ich warte auf dem Flughafen Maraba auf den Anschluß nach Belém. Der Flug dauert etwa zwei Stunden. Von Belém nach Rio geht es dann die ganze Nacht hindurch. Der Bummelflieger landet in jeder Stadt: Fortaleza, Natal, Recife. Zwei Stunden Verspätung sammeln sich in Salvador an – wieder in tropischer Regen.

In Rio gelandet, wartet auf mich meine Freundin Zéze. Morgens um fünf Uhr ist sie rausgefahren, jetzt ist es acht Uhr.

Begeistert erzähle ich ihr von meinen Erlebnissen im Goldgräber-Camp. Und während ich erzähle, wird mir klar, daß ich verstanden habe, warum das Gold so einen starken Zauber ausübt. Ein brasilianisches Volkslied sagt es: „... weil man das Gold dem Gott nehmen muß, um sich selbst wie Gott zu fühlen."

Hans Stern, der Edelsteinkönig

Leise rieselt Musik von Vivaldi durch den Raum. Die Fenster sind mit weißen Lamellen verhängt. Der Air-conditioner läßt vergessen, daß draußen Temperaturen von 42 Grad herrschen. Hier ist es fast zu kalt. Und es ist schlicht, wie in einem billigen Hotel. Ein säuberlich aufgeräumter Schreibtisch mit Telefon, der Chefsessel und ein Ledersitz für den Besucher stellen das gesamte Inventar dar. Die Holztäfelung ist kein Mahagoni. Auf der Fensterablage sind ein paar Bücher, meist Bildbände, und einige Plattenkassetten geordnet.

Diese spartanische Einfachheit verblüfft. Kein Kunstwerk, nicht einmal eine Schmuckvitrine, nur wertlose weiße Kristalle liegen herum. Freilich habe ich mindestens einen Wasserfall über einer Marmorwand erwartet, schließlich sitze ich bei dem Edelsteinkönig von Brasilien.

Mister Hans Stern tritt ein. Klein und wieselflink verschwindet er hinter seinem Schreibtisch. Schnell flüstert er paar Wortfetzen auf sein Diktaphon. Das Telefon klingelt, er wirft mir einen entschuldigenden Blick zu. „Schrecklich, nicht?"

Er faßt sich am Telefon sehr knapp. „Wo ist das Problem?" – „Hm, hm." – „Was können wir tun?" – „Hm." – „Dann erledigen Sie es schnell."

Derweil mustern mich seine wachen Augen hinter der Brille. Wie ein Pokerspieler, der versucht, die Karten seines Gegners zu erraten. Mister Stern ist sehr beschäftigt, aber er ist ein guter Geschäftsmann. Deshalb empfängt er mich. Ich möchte über ihn schreiben, aber jetzt bin ich verlegen. Dieser Mann soll über die Wildnis geritten, von Jaguaren verfolgt, von Krokodilen angegriffen worden sein, wie über ihn kolportiert wird. Dabei ähnelt er doch eher einem Buchhalter, der Romane von Karl May liest. Allenfalls kann ich mir noch vorstellen, daß er beim Schachspiel gefährlich werden kann, dieser Mister Stern mit den stechenden Augen.

Er stopft seine Pfeife und fängt unser Gespräch mit der Frage an: "Wie sind die Mädchen von Rio?" Eigentlich keine schlechte Frage, aber ich will es gleich wissen.

"Lieben Sie Edelsteine, Herr Stern?"

"Natürlich!" Sein Gesicht wirkt noch verschmitzter.

"Warum lieben Sie Edelsteine?"

"Weil sie Geld bringen. Alles, was Geld bringt, muß man lieben."

"Also lieben Sie Geld noch mehr als Edelsteine?"

"Natürlich. Steine sind nur Steine. Man muß verstehen, sie in Geld umzuwandeln. Das ist nicht einfach, glauben Sie mir."

Und ob. Ganz Brasilien steckt voller Edelsteine, und wer hat schon Geld? Auch die *garimpeiros* sind, wie ich ja erfahren habe, meist nur an Geschichten reich.

Doch dieser Mister Stern versteht es, sogar seine Legende gut zu verkaufen. Er braucht sie nicht einmal mehr selbst zu erzählen. Jeder kennt sie.

In einer tiefen Schlucht im Inneren des brasilianischen Staates Minas Gerais starren vier zerlumpte *garimpeiros* auf ihren Fund: ein fünfzehn Kilogramm schwerer, dunkelblauer Aquamarin. Erst schweigen sie ehrfurchtsvoll, dann beschließen sie aber, den rechtmäßigen Landinhaber um seinen Anteil von zwanzig Prozent des Funderlöses zu prellen.

Es ist für sie nicht schwer, unerkannt zu verschwinden und den Aquamarin für 30 000 Dollar loszuwerden. Doch so ein Fund und Preis bleiben nicht lange geheim. Bald erfährt der Landeigentümer davon und nimmt die Verfolgung der betrügerischen *garimpeiros* auf. Von bewaffneten Männern begleitet, braucht er nicht lange zu suchen. Schon in der nächsten Stadt trifft er die vier. Sie trinken *cachaca* in einer Kneipe. Es kommt zur Schießerei, wie hier im wilden Süden üblich, und so landen schließlich alle vor dem Richter.

Um schnellstens das Problem aus der Welt zu schaffen, zieht der schlaue Mann einen Sachverständigen hinzu: Hans Stern aus Rio. Der macht große Augen, als er den blauen Kristall sieht: „45 000 Dollar zahle ich dafür, sofort!" ruft er.

„Abgemacht", gibt der Richter den Zuschlag, allerdings mit der Auflage, daß Stern alles selbst mit den Streitparteien regelt.

Stern zahlt dem Landbesitzer seinen Zwanzig-Prozent-Anteil aus, die vier *garimpeiros* freuen sich, noch mehr als beim ersten Verkauf zu bekommen. Der erste Käufer, der die 30 000 Dollar bezahlt hat, bekommt sein Geld zurück und gibt sich mit einigen hundert Dollar Abfindung zufrieden.

„Stammt diese Geschichte aus der Stern-Schmiede, oder ist sie wahr?" frage ich.

„Wissen Sie, ich bin sehr vergeßlich", meint Stern und schmunzelt, „aber diese Geschichte lese ich immer wieder, in allen Zeitungen. Also muß was dran sein."

Wie hat es nun wirklich angefangen, der Aufstieg vom armen Einwanderer zum Juwelenkönig? Mit einer Quetschkommode. Wenn man so will, ist dieses Edelsteinreich aus der Luft gekommen, aus Tönen gepreßter Luft. Die aus Deutschland mitgebrachte Ziehharmonika hat Stern kurz nach seiner Ankunft in Brasilien für 200 Dollar verkauft. Das Geld legte er in farbigen Funkelsteinen an. Wie es weiterging, daran können sich in Rio noch viele Zeitgenossen gut erinnern, an den Mann mit dem Aktenkoffer, der in Hotels auftauchte, Gäste ansprach, ob er ihnen was zeigen dürfe. Unversehens hatte er einen kleinen Laden auf der Avenida Rio Branco. Im Erdgeschoß. Bald nahm er den ersten, zweiten, dritten Stock dazu. Im Keller werkelten seine Schleifer. Denn Edelsteine im Urwald zu suchen, damit hielt er sich nicht auf. Ihm ging es nur um Kauf und Verkauf.

Heute sitze ich diesem Edelstein-Guru gegenüber. Im 17. Stock seiner Zentrale, einem Neubau in Ipanema. Über den Umfang seiner Firma informieren zahlreiche Broschüren: 2000 Mitarbeiter, 80 Luxusläden in Brasilien und weitere 70 im Ausland. Auf den Hochglanzfotos seines Prospekts kann man sie alle bewundern, die verspiegelte Glasfassade an der Fifth Avenue in New York, die klassizistischen Palastsäulen in Paris, die Eingänge, die denen von Großbanken ähneln, in Lissabon, Tel Aviv, Bogota, Caracas. Und überall leuchtet der „gute Stern". Sogar auf der Weininsel Madeira und auf den Flughäfen in Frankfurt, Buenos Aires, Miami, Chicago.

Seltsam, wie das Schicksal spielt. Wenn man überlegt, daß dieser Mann 1923 in Essen blind geboren wurde. Daß die Augenoperation glückte, daß er rechtzeitig 1931 aus dem Nazideutschland emigrieren konnte, daß er in Brasilien bei einer Schmuckexportfirma landete und einen Job fand, aber nur deshalb, „weil mein Chef noch schlechter Englisch sprach als ich", wie er sich plötzlich erinnert.

Die Memoiren von H. Stern müßten ein Bestseller werden, aber schwierig zu schreiben, weil Stern keine Zeit für Erinnerungen hat. Schon wieder klingelt das Telefon. Eine Reklamation. Eine Kundin hat vor zehn Monaten ein Armband, ausgelegt mit Smaragden, Granaten und Diamanten gekauft. Jetzt will sie das Stück zurückgeben. Stern entscheidet prompt: „Geben Sie ihr das Geld zurück, in Cruzeiros oder Dollars, ganz wie es die Dame haben will."

Solche Fälle sind Routine. Für Schmuckstücke gibt es bei Stern eine Garantie. Ein Jahr lang kann man sie umtauschen oder zurückgeben. Das weckt Vertrauen – eines der wichtigsten Erfolgsgeheimnisse.

Jetzt schlägt er mir den Besuch seiner Werkstatt vor. Natürlich kann er mich nicht selber führen, aber ich soll mich danach wieder bei ihm melden.

Hans Stern, einst armer Auswanderer, ist jetzt der Juwelenkönig von Brasilien

„Kann ich auch Ihre Privatkollektion sehen?" frage ich ihn. „Sie soll zu einer der größten der Welt zählen."

„Vielleicht..." Mister Stern schmunzelt wie immer. Und er gibt mir eine philosophische Erkenntnis mit auf den Weg: „Edelsteine sind wie Menschen, Gold ist nur ein Metall. Es kommt in Massen vor, wird gewaschen, geschmolzen und in Barren gegossen. Aber ein Edelstein ist ein Einzelstück, das sogar einen Eigennamen trägt, wenn er besonders schön ist: Stern des Südens, Englischer Dresden, Minastero, Präsident Vargas – oder Jagueto."

Da klingelt's bei mir: Jagueto, das ist der berühmte blaue Aquamarin, der größte der Welt, der einen Wert von zwanzig

Millionen Mark hat.

„Also bis später", winkt Mister Stern. Sein Sekretär übernimmt die Führung. „Richard Barczinski" steht auf seiner Visitenkarte.

Das Horoskop der Edelsteine

Für mich öffnen sich jetzt die Panzerglastüren. Ich komme also ein Stück weiter in dieses Edelsteinparadies hinein als normale Sterbliche. Die Werkstatt ist mit Glaswänden in Abteilungen getrennt. Erste Station: Aufnahme. Aus kleinen Säcken werden Rohsteine auf einen Tisch geschüttet. Jedes Stück wird mit einer „Geburtsurkunde" versehen. Darin stehen alle wichtigen Daten: Wo und wann gefunden, Gewicht und Maße. Im Verlauf der Veredelung wird jeder Arbeitsgang eingetragen. Nicht zuletzt wegen der Sicherheit, damit kein einziges Stück verlorengeht.

Stufe für Stufe füllen sich die Rubriken: Schneiden, Vorformen, Schleifen, Polieren, Einsetzen. Diese „Geburtsurkunde" wächst manchmal auf paar Meter Länge, so genau wird jeder Handgriff registriert. Datum, Uhrzeit und Unterschrift des Mitarbeiters. Diese Liste ergibt auch die Grundlage für die Preiskalkulation. Der Wert vom Naturstein plus Aufwand. Solange der Stein nicht endgültig eingefaßt ist, gibt es auch keine Preisvorstellungen.

Das Einpassen in die Fassung ist der spannendste Augenblick. Hält der Stein, hält er nicht? Er kann kaputtgehen, einen Sprung bekommen, absplittern, zerbrechen, matt anlaufen. Deshalb werden die Edelsteine wie rohe Eier behandelt.

Auf einem Tisch liegen ein Haufen Topase. „Darf ich?"

„Aber sicher, Sie dürfen sie anfassen."

Ein ungewöhnliches Gefühl. Leicht und als wären sie elektrisiert, kugeln die goldgelben Steine über meine Handfläche.

Richard unterrichtet mich: „Topase kommen ausschließlich in Brasilien vor. Es gibt zwei Sorten: den goldgelben Zitrin oder auch Quarztopas und den dunkleren, rötlichen Edeltopas, der wegen seiner Seltenheit auch teurer ist. Oft wird er in Platin gefaßt und mit Diamanten kombiniert. Apropos, was sind Sie für ein Sternzeichen?"

„Löwe, warum?"

„Dann ist Topas nicht Ihr Stein", belehrt mich Richard. „Topas ist der Stein für Skorpione. Ihm wird nachgesagt, daß er böse Träume verhindern und Sorgen vertreiben kann. Aber Sie als Löwe haben eine große Auswahl an anderen Steinen: Turmalin, Smaragd, Peridot, Hiddenit."

Sie liegen vor mir in einem Karton. Eine Sendung aus Bahia, woher sie stammen. Richard kippt sie auf den Tisch. Es sind grüne Steine in allen Schattierungen von Hell bis Dunkel.

„Sind sie auch alle echt?" Ein leichtes Kribbeln erfaßt mich. Wenn man so in Edelsteinen wühlen kann, beginnt ihre Magie zu wirken.

„Die Echtheit kann nicht einmal ein Experte mit bloßem Auge feststellen. Dafür haben wir unsere gemmologischen Labors, in denen jedes Stück auf spezifisches Gewicht, Härte, Fluoreszenz, Brechungsgrad und Symmetrie der Kristalle untersucht wird. Zur Klassifikation muß jedes Stück zurück ans Tageslicht. Kunstlicht täuscht."

Ein Smaragd, groß wie eine Kirsche, fasziniert mich. Ihm haftet eine Urwald-Romantik an. Schon in seinem Glanz steckt ein Geheimnis, und daß er dem „Auge am besten gefällt", behauptete bereits der römische Schriftsteller Plinius. Seine samtartige Farbe mit den tausend Schatten versinnbildlichte schon in der biblischen Mythologie die Freundlichkeit. Der spanische Eroberer Pizarro hat viel Blut vergossen, um die berühmten Smaragdschätze der Inkas zu rauben. Edelsteine machten bewegte Geschichte.

„Sie kennen sicherlich die Monatssteine für alle Horoskope?"

frage ich Richard neugierig.

„Stimmt. Wir haben sogar eine Broschüre über Steine und Horoskope herausgebracht. Vor allem unsere brasilianischen Kunden richten sich danach. Fast jeder Brasilianer trägt seinen Glücksstein in irgendeiner Form bei sich."

Ich erfahre, daß die dunkelroten Granate für den Steinbock stehen. Wassermann soll den violetten Amethyst tragen. Fische haben eine größere Auswahl in Hellblau: Aquamarin, blauer Topas, blauer Turmalin, Saphir. Der Widder mit seinem Dickschädel stößt auf die härtesten Steine, auf Diamanten und Quarze. Die leichtlebigen Stiere lieben leuchtendes Grün in Form von Smaragden und Turmalinen, die Zwillinge dagegen unscheinbarere, cremefarbene Schattierungen: Perle, Mondstein, Opal und Topas. Zum Krebs paßt der rote Rubin, und der Natur der Löwen entsprechen hellgrüne Turmaline und Smaragde. Die dunkelblauen Aquamarine, Saphire und Turmaline gehören zur Jungfrau, während die Waage sich wieder einmal nicht entscheiden kann, und sich verschiedenfarbige Steine, wie Opale und Turmaline, heraussucht. Der Skorpion weiß es dagegen bestimmt: der goldgelbe Topas und sonst keiner. Der Schütze nimmt sich den himmelblauen Aquamarin und den Türkis.

Nach dieser Horoskop-Stunde listet mir Richard Produktionszahlen auf: „12 000 Stück Edelsteine und 350 Kilo Gold werden im Monat verarbeitet. Allein in Sterns Hauptquartier lagern 150 000 Schmuckstücke. Der Wert läßt sich nur schwer beziffern. Es sind Millionen, Hunderte und Hunderte von Millionen. Um so mehr verblüfft, daß aus Hans Stern kein Phantom wurde. Er ist da, für jedermann greifbar. Unscheinbar flitzt er durch sein Imperium. Abends fährt er selbst in einem blauen VW-Käfer nach Hause.

Auch sein Haus ist keine Festung, nur ein Mietshaus in Ipanema mit einem freundlichen Portier. Nicht einmal eine Waffe trägt er. Oben auf dem Dach steht sein Penthouse mit Swimmingpool, mit herrlichem Blick über halb Rio.

„Wie sind Edelsteine überhaupt entstanden?" frage ich Richard.

„Durch vulkanische Tätigkeit der Erde. Während die glühende Lava an der Oberfläche schneller auskühlte, bildeten sich unter den Steinkrusten oft Blasen. Die gefangenen Dämpfe schlugen sich an den Innenwänden nieder und erhärteten erst später zu Kristallen. Die Steine schwitzten sozusagen. Edelsteine sind die Schweißperlen der Erde."

Eine blumige Beschreibung, aber Edelsteine stimmen romantisch. Richard führt dazu ein Beispiel an: „Wissen Sie, was die Inder über Rubine sagen? – Ein Tropfen Blut vom Herzen der Mutter Erde. – Und die schönste Farbe beim Rubin ähnelt tatsächlich frischem Taubenblut."

Saphire sind blau. Genauso wie Aquamarin, der beliebteste und häufigste aller brasilianischen Steine. Nach einer Sage werden sie von Meerjungfrauen aus der Tiefe des Ozeans heraufgebracht. Deshalb auch das liebliche Blau, je dunkler, desto teurer, je heller, desto billiger. Unreine Aquamarine, die durch andere Elemente verunreinigt sind, können trotzdem verwendet werden: pulverisiert – als Mittel der Scharlatane gegen Liebesfaulheit.

Bevor wir unsere weitere Reise ins Reich des Aberglaubens fortsetzen, winkt uns ein Mitarbeiter zur Schleiferei herüber. Ein besonders wertvoller Stein wird gerade eingepaßt. Wir sollen diesen spannenden Augenblick miterleben.

Ein dunkelvioletter Amethyst mit spinnennetzartigem Ceylonschliff kommt in einen Ring. Der Name Amethyst stammt aus dem Griechischen und bedeutet „nicht trunken". Das verspricht dem Träger dieses Steins, daß er gegen Trunkenheit gefeit sein wird.

Mit einem feinen Gasbrenner wird erst die Goldfassung erhitzt, um sie auszudehnen. Dann wird der Amethyst eingepaßt und mit dem Goldschmiedehammer befestigt. Er hält. Die Operation ist geglückt.

Mister Stern kommt. Er fand also doch Zeit, mir seine Sammlung zu zeigen. Sie liegt im Haupttresor. Ein alter Angestellter, seit der ersten Stunde dabei, holt sie. Schon wieder überrascht es mich, wie einfach das vor sich geht. Keine unterirdischen Gänge, kein Panzerraum. Wir sitzen in einem kleinen Abteil, nur durch eine Glaswand vom Designstudio abgetrennt.

Mister Stern öffnet die Kassette mit seinem Schatz: 198 Steine, darunter alle Arten von Edelsteinen, die auf der Welt vorkommen. Die wertvollsten, versteht sich, und die schönsten. Da sind auch manche, die nach gar nichts aussehen und trotzdem sehr wertvoll sind. So ein winziger, kleiner Fluorit aus Belgien, ganz durchsichtig wie ein Glasstein. Sehr selten ist auch ein zweifarbiger Amethyst.

„Wieviel ist er wert?" frage ich.

„Das weiß ich nicht. Der Wert ist für mich nicht so wichtig, schön müssen die Steine sein", nuschelt Herr Stern. „Mich interessiert nur die Ästhetik." Und er klappt die Kassette mit seiner Edelsteinsammlung zu.

„Ist das Ihre ganze Sammlung?"

„Einen Teil meiner Privatkollektion habe ich schon verkauft. Etwa hundert Steine."

„Nanu, obwohl sie so schön waren?"

Hans Stern versteht, was ich meine. „Tja, das war in einer schwachen Stunde, da habe ich sie verkauft." Dann aber fügt er schnell hinzu: „Diese neue Sammlung werde ich nicht verkaufen." Er streichelt die Kassette und gibt sie seinem alten Mitarbeiter behutsam zurück.

„Sie sollten nach Minas Gerais fahren, wenn Sie sich für Edelsteine interessieren. Dort können Sie auch selbst welche finden", empfiehlt mir der Juwelenkönig.

Über Sterns Kundschaft braucht man nicht viele Worte zu verlieren. Alle haben schon bei ihm gekauft: die englische Königin Elisabeth II., der ehemalige Schah von Persien war Großabnehmer

Kirchenaltäre aus purem Gold in den Orten von Minas Gerais

von blauen Aquamarinen, die brasilianischen Präsidenten liebten grüne Smaragde und die Diktatoren aus den Bananenrepubliken die goldgelben Topase. Eine amerikanische Millionärswitwe ließ zwei Halsbänder anfertigen, die mit Brillanten und Aquamarinen besetzt waren, eins für sich und das andere für ihren Hund, beide für läppische 6000 Dollar pro Stück.

Jeden Preis zahlen die Ölscheichs, wollen aber meist Sonderanfertigungen, und zwar schnell. Was normalerweise vier Tage Arbeit erfordert, muß in einer Nacht fertig sein, so wie in dem Märchen mit den bösen Königen. Also läßt Stern, wenn der Preis stimmt, Sonderschichten einlegen.

„Ich besitze fast keine Minen mehr. Nur noch ein paar kleine in Bahia und Minas Gerais. Das Problem bei eigenen Minen ist, daß die schönsten Steine immer verschwinden. Wir hatten früher so eine Mine, wo wir uns wunderten, daß immer nur zweite Wahl bei uns ankam. Und wissen Sie warum? Die wertvollsten Steine haben die *garimpeiros* für sich behalten. Wir haben sie kontrolliert, aber es nützte nichts. Es dauerte lange, bis wir entdeckten, wie sie die Steine aus der Mine rausgeschmuggelt haben. In Wassermelonen haben sie sie wie Kerne reingesteckt."

Worauf Stern die Mine wieder abgestoßen hat. Jetzt weiß er, daß man ihm die besten Steine anbietet. Frei Haus. Meist am Samstagnachmittag, wenn die *garimpeiros* nach Rio fahren, um sich zu vergnügen. Und dann brauchen sie Geld.

„Was nützen ihnen die Steine? Dafür können sie sich keinen Schnaps und keine Senhoritas kaufen", schmunzelt Stern.

Also warten die *garimpeiros* in seinem Büro. Lange. Denn Stern hat es nicht verlernt, wie er mit ihnen verhandeln muß. Einmal im Jahr reitet er auch zu ihnen hinaus. Auf dem Pferd in die Wildnis. „Das ist wichtig, damit die Leute sehen, daß Stern nicht nur eine Firma ist, sondern daß sie mich dahinter als Person sehen: Der Stern, das bin ich."

„Und was können Sie mir an Ratschlägen auf den Weg zu den

Edelsteinsuchern mitgeben?" frage ich.

Stern schmunzelt in gewohnter Weise. „Halten Sie die Augen offen! Sie müssen nur Menschenkenntnis haben. Ich sagte Ihnen schon, Edelsteine sind wie Menschen. Es gibt keine Garantie dafür, daß sie echt sind. Sogar in den britischen Kronjuwelen sind die berühmten „Black Prince" und der „Timur"-Rubin in Wirklichkeit nur Spinelle. An sich sehr schön, aber doch viel weniger wertvoll als ein Rubin."

„Und Sie sind sicher, daß man in der Gegend von Minas Gerais auf der Durchreise schnell ein paar Edelsteine findet?"

„Gut möglich. Manchmal suchen die Kinder nach einem großen Regen im Straßengraben und finden Steine, die vom Regenwasser aus der Erde rausgespült wurden."

„Und wie steht's mit Gold?"

„Das gibt's noch, doch nicht mehr so viel wie früher. Aber drei bis vier Gramm am Tag können Sie aus dem Fluß noch rauswaschen."

„Und wo liegen diese Stellen genau?" erkundige ich mich.

„Vielleicht eine Viertelstunde, höchstens zwanzig Minuten von Belo Horizonte entfernt", meint Stern. „Ich gebe Ihnen eine Telefonnummer von einem Mann, der lange für die belgische Minengesellschaft gearbeitet hat. Der kann Ihnen weiterhelfen."

Mit diesen Worten verabschiedet sich der Edelsteinkönig Hans Stern von mir, und ich verspreche, über meine Goldfunde auch zu berichten – was ich nun hiermit tue.

Ouro Preto, eine brasilianische Barockstadt

Unfaßbar. Hinter einer Stadt wie Belo Horizonte soll es noch Goldflüsse geben! Eine Stadt mit zwei Millionen Menschen, und vor der Haustür sozusagen liegen die Nuggets.

Der Besuch bei Hans Stern hat meine Reisepläne etwas verändert. Ich sitze im Flugzeug. Vorher habe ich die Nummer kontaktiert, die ich von Stern bekam. Senhor Hauber, oder so ähnlich, klang sein Name, war gleich an der Strippe und war sehr höflich. Er holt mich vom Flughafen ab, freut sich, mich begleiten zu dürfen.

Die Wolken färben sich im Sonnenuntergang blutrot. Ich sinniere darüber nach, was wohl passieren würde, sollte sich hinter München oder Hamburg, nur zwanzig, dreißig Kilometer entfernt, ein Goldfluß dahinwälzen. Da hätten die Leute längst den Fluß zerklaubt, keinen Kieselstein auf dem anderen gelassen, das Flußbett umgedreht. Noch mehr! Da hätten sicherlich schon Maschinen den gesamten Landschaftsstrich weggeputzt. Auch mein Puls beschleunigt sich schon wieder. So wie in Serra Pelada. Jetzt pocht er aber vom Smaragdfieber.

Die Maschine der Transbrasil verläßt ihre Flughöhe. Ich werfe noch einen Blick aus dem Fenster. Aus der Vogelperspektive zeigt Belo Horizonte die schönste Symmetrie von allen brasilianischen Metropolen. Sehr eindrucksvoll, wenn man bei Einbruch der Dunkelheit landet. Das Lichtermeer des streng quadratischen Straßennetzes fasziniert mich. Da liegt wie auf einem Schachbrett ein Edelsteinkollier aus Tausenden von funkelnden Rubinen, weißen Diamanten, blauen Aquamarinen. So wirkt auf mich die Avenida Presidente Antonio Carlos, die Hauptverkehrsader dieser 1897 am Reißbrett geplanten Stadt.

Der Flughafen Pampulha – aus Glas und Beton – erreicht Dimensionen, als hätte man Mondfähren erwartet. Auch rundum, etwa fünfundvierzig Kilometer vor Belo Horizonte, wirkt die bergige Landschaft so, als wären Dänikens Götter auch hier schon mal gewesen.

Ein älterer, grauhaariger Herr in dicker Strickjacke begrüßt mich mit kräftigem Handschlag: „Alles in Ordnung? Angenehmen Flug gehabt?" Ein kerniges Deutsch, das er spricht. Stolz darauf ist er auch.

„Ich bin Deutschbrasilianer in fünfter Generation. Meine Vorfahren sind vor 180 Jahren aus Trier eingewandert." Nach einer bedeutungsvollen Pause meint er: „Die Brasilianer schätzen die Deutschen sehr. Der Begriff für Qualität hängt mit Alemão zusammen. Schuhe, Handtücher und Bettwäsche werden fast ausschließlich von Deutschen hergestellt. Die Stadt der Schuhmanufaktur zum Beispiel heißt Novo Hamburgo. Sie liegt im Staat Santa Catarina im Süden. Dort sagen die Brasilianer über die Deutschen: *Saude de vaca premiada* – gesund wie eine prämierte Kuh. Das ist ein Kompliment!"

Ich steige in Senhor Haubers VW-Bus, und wir fahren los. Noch heute nacht geht es in die Berge zu jenen sagenumwobenen Gold- und Edelsteinminen, nach Ouro Preto, etwa hundert Kilometer von Belo Horizonte entfernt.

Der Nebel fällt. Bald liegen dicke Wattebäusche auf der Straße. Es ist Mitte April und fühlt sich wie Herbst an.

„Hier ist es nicht mehr tropisch", sagt Senhor Hauber. „Wir liegen fast tausend Meter über dem Meeresspiegel. Sogar Jahreszeiten wechseln hier. Es gibt Herbstlaub, nur eben keinen Schnee, obwohl im August auf Monte Vila Verde die Temperatur auf null Grad sinkt."

Die Gegend hat durchaus alpinen Charakter, doch im Augenblick sieht man gar nichts. Nur kurz aufflackernde Lichtstreifen. Gelblich und sehr geheimnisvoll.

„Das sind Erzgießereien, meistens noch echte Manufakturen, die aus der Jahrhundertwende stammen", erklärt Senhor Hauber.

Ich sehe eine ziemlich aus der Nähe. Vom offenen Feuer fließt das glühende Eisen wie Magma in die Behälter. In der Luft schwefelt es stark. Wieder kommt mir Bayreuth in den Sinn. Wagners „Götterdämmerung" als Phantom-Oper in den Diamantenbergen.

Derweil plaudert Senhor Hauber über die Geschichte.

„Minas Gerais ist das Ursprungsland der brasilianischen Edelsteine. Von hier aus floß der Reichtum nach Portugal, und bis heute noch erzählt man sich von märchenhaften Edelsteinfunden."

Es ist eine Gegend der tausend und einen Geschichte. Aus der Zeit der schwarzen Sklaven hat sich bis heute eine Tradition gehalten: der Neger mit der weißen Perücke bei den Karnevalsumzügen in Rio. Zu Ehren einer wunderschönen Sklavin aus Afrika.

„Nach Brasilien verschleppt, lebte sie in Diamantina. Sie hieß Chica de Silva und erweckte die leidenschaftliche Liebe eines portugiesischen Gouverneurs. Der schenkte ihr die Freiheit und ließ für sie eine prachtvolle Kirche erbauen, aber eine komische", wie Senhor Hauber vermerkt. Ich höre ihm gebannt zu, wie einem Märchenonkel.

„Also wurde diese Kirche im Plan angelegt, dazu ein Stausee, damit die schöne Sklavin auch mit dem Boot fahren konnte. Aber da merkte der Gouverneur, daß seine Geliebte dabei die Kirche nur von hinten sehen konnte. Also befahl er dem Architekten, seine Skizzen zu ändern.

Der fand keine bessere Lösung, vielleicht wollte er auch nicht, und verlegte kurzerhand die Türme nach hinten. So bekam die Sklavin neben dem See ihren Kirchenblick – und das Städtchen Diamantina eine ungewöhnliche Sehenswürdigkeit: das Kirchenportal ohne Türme und zwei Kirchtürme ohne Portal."

Auch auf solche verrückten Spiele ließen sich die Portugiesen als Kolonialherren offensichtlich ein, waren aber keineswegs humaner als andere Eroberer. Die Sklaven waren unumschränktes und rechtloses Eigentum des jeweiligen Käufers. Der konnte nach Belieben Familien, Männer von Frauen, Kinder von Eltern trennen. Der Tagesablauf war bis zum Intimbereich streng vorgeschrieben. Der geflohene und eingefangene Sklave wurde mit Eisen gebrandmarkt. Die Selbstmordrate der Sklaven lag sehr hoch. Es gab blutige Aufstände: eine Geschichte, geschrieben mit Blut und Tränen durch Schwert und Ketten. Noch heute scheint der Fluch der Rache mancherorts zu spuken, wie ich zu spüren bekam.

Fast zwei Stunden dauert die Fahrt, Zeit genug für eine ausreichende Unterrichtung in Landeskunde. Minas Gerais dürfte das Schlaraffenland Brasiliens sein. Fünfundzwanzig Millionen Säcke Kaffee produziert es jährlich, es hat die größte und beste Rinderzucht Brasiliens und das größte Rohstoffvorkommen.

Von den Bergwerken bis zur Hafenstadt Vitoria führt auch die größte Pipeline der Welt, 400 Kilometer weit pressen 120 000 PS starke Pumpen 30 000 Liter Schlamm mit einer Geschwindigkeit von eineinhalb Meter pro Sekunde. Eine Leistung, von der man sich nur schwer eine Vorstellung machen kann, nur ökonomisch ergibt es ein Bild: Der Zugtransport würde sieben Dollar pro Tonne kosten, via Pipeline nur ein Dollar.

Ich wundere mich, daß Senhor Hauber auch solche Daten genau im Kopf hat.

„Ich habe jahrelang für die Bergbaugesellschaft ‚Samarco' gearbeitet", erklärt er. „Danach wurde ich für die UNESCO tätig. Wir haben ein Radioprogramm entwickelt, um den Analphabetismus in Brasilien zu bekämpfen. Jetzt bin ich in Pension, aber immer noch aktiv, und zwar als Fremdenführer für ‚Revetour'. Wir betreuen deutsche Touristen."

„Und wie sind Sie zufrieden?"

„Sehr", meint Senhor Hauber. „Die Deutschen interessieren sich für Geschichte. Und da gibt es in Ouro Preto viel zu sehen: dreizehn Kirchen, eine prachtvoller als die andere, und jede Menge geschichtliche Spuren, auch zur deutschen Geschichte. Es wird Sie überraschen, aber Sie müssen schon mindestens drei Tage bleiben."

Wenn Senhor Hauber wüßte, was mich juckt: das Gold- und

Edelsteinfieber. Ich muß mein Glück versuchen! Ich werde es ihm noch vorsichtig beibringen müssen.

Der Straßenrand verfließt derweil völlig im Nebel. Senhor Hauber am Steuer kann sich nur nach der weißen Strichlinie in der Mitte orientieren. Immerhin tröstlich, daß sich die Asphaltstraße in gutem Zustand befindet.

Endlich tauchen schemenhaft die ersten Häuser auf. Das Kolonialstädten Ouro Preto, was schwarzes Gold bedeutet, gegründet 1693 als Vila Rica – reiche Stadt. Mit unserem Kleinbus haben wir eine letzte steile Berggasse zu erklimmen, und dann kommen wir auf dem Hauptplatz an. Zu dieser Jahreszeit im April ist die Touristensaison vorbei. Der Platz ist wie ausgestorben. An der Stirnseite strahlen die Scheinwerfer einen Palast an. Dicke Nebelschwaden ziehen durch den Lichtkegel. Als würde das Gebäude in Flammen stehen. Die Illusion ist fast perfekt. Die Fenster im Erdgeschoß versperren massive Gitter. Das ehemalige Gefängnis, heute ein Museum.

Kirche in Ouro Preto, der brasilianischen Barockstadt

Senhor Hauber drängt zur Eile, sonst bekommen wir nichts mehr zu essen.

Rund um diesen gespenstischen Platz flackern Lichter aus irgendwelchen Löchern. Erst beim Nähertreten bekommen sie erkennbare Konturen: Es sind die Türen und Fenster in den dunklen Gebäuden. An der Wand lehnen schwarze Gestalten. Finster schauen sie drein, es ist keine Fröhlichkeit mehr zu spüren wie bei den Cariocas. Keine lärmende Musik drängt aus den Kneipen. Die Cafés sind verriegelt. Es ist erst kurz nach zehn Uhr, doch die Bürgersteige sind bereits hochgeklappt.

Hie und da wird Senhor Hauber begrüßt. Ein kurzes Knurren. Man kennt ihn. „Die Leute hier sind manchmal etwas seltsam", erklärt mein Fremdenführer. „Die schwarzen Berge werfen ihre Schatten aufs Gemüt. Aber Sie sind ja wegen der Kultur gekommen..."

Mit prüfendem Blick studiere ich die wenigen Einwohner, die ich zu Gesicht bekomme, etwas näher. Ihre Vorfahren wurden vor zweihundert bis zweihundertfünfzig Jahren hierher verschleppt. Sie gehörten hauptsächlich dem Bantu-Stamm aus Moçambique, dem Kongo und der portugiesischen Kolonie Angola an. Seltsam, aber es scheint sich wenig in ihrer Physiognomie verändert zu haben. Sie wirken fremd und abwesend.

Eine Flasche Wein rettet dann doch den Abend. Wir sitzen gemütlich am weißgedeckten Tisch und haben erneut den Bezug zur Geschichte gefunden. Das Restaurant heißt „Quinto do Ouro" – ein Fünftel des Goldes. Diese Menge durften die Minenbesitzer damals für sich behalten. Die restlichen vier Fünftel mußten sie der portugiesischen Krone abführen.

Doch auch aus diesem einen Fünftel wuchs hier ein unvorstellbarer Reichtum. Viele Sklaven konnten sich freikaufen, wie auch Chico Rei, der verschleppte König eines afrikanischen Stammes. Er fand in kurzer Zeit so viel Gold, daß er für sich und seine Söhne die Freiheit wiedererlangen konnte. Als Dank für dieses Glück ließ er im Ort die schönsten Kirchen bauen, zum Beispiel Nossa Senhora da Conceicão, mit dem Hauptaltar aus purem Gold.

Für meine Übernachtung hat Senhor Hauber ein Zimmer in einem Gästehaus reserviert, das unter Denkmalschutz steht: „Pouso Chico Rei", erbaut von jenem afrikanischen Stammeskönig vor zweihundert Jahren. Wir gehen den Weg dorthin zu Fuß. Im Restaurant waren wir die einzigen Gäste; jetzt ist auch die Straße wie leergefegt. Der Nebel klebt am Kopfsteinpflaster. Kein Licht dringt mehr durch die Fenster. Nur das müde Licht einer Gaslaterne beleuchtet spärlich den Eingang des Gästehauses, das fest verschlossen ist.

Statt einer elektrischen Klingel hängt draußen eine Glocke. Senhor Hauber zieht einige Male fest an der Eisenstange. Der rostige Klang hallt entsetzlich laut durch die Nacht. Wollen wir etwa Tote erwecken?

Nach einer Weile knarren Treppenstufen, Türen quietschen, Schritte werden hörbar, schließlich öffnet sich das Hauptportal einen Spaltbreit.

„*Boa noite*", grüßt Senhor Hauber, guten Abend.

„*Boa noite*", murmelt es zurück. Eine Mulatta empfängt uns. Sie hält eine Kerze in der Hand, und man sieht nur die Augen.

„Wir haben kein Licht heute abend", sagt sie mit heiserer Stimme. „Morgen schaut der Hausmeister nach, was los ist, heute schläft er schon."

Die Frau führt uns ins Haus. Das Empfangszimmer ähnelt einem kleinen Museum. Ich sehe alte Bücher und Holzschnitzereien, gehäkelte weiße Tischdecken und geklöppelte Vorhänge aus dickem Garn. Es muffelt stark. Wortlos nimmt die Mulatta zwei Schlüssel vom Haken, Zimmer 7 und 9. „Kerzen sind in der Schublade", meint sie. Senhor Hauber kennt sich schon aus. Er weiß auch, wo eine Taschenlampe zu finden ist. Die Mulatta verschwindet in der Dunkelheit, ihre Schritte verhallen in den hinteren Gängen.

Eigentlich gefällt mir die Situation gut. Mir kommt alles vor wie eine perfekte Filmregie: ein altes Sklavenhaus, einsam in der Nacht, merkwürdige Dienstboten, und – beinahe hätte ich's vergessen – die Besitzerin ist auch nicht da. Sie wohnt längst in einer modernen Wohnung in Belo Horizonte, in einem jener seelenlosen Betonkästen mit zwanzig Stockwerken und wie mit dem Lineal gezogenen Balkonen. Die Romantik ihres alten Hauses läßt sie allein die Touristen genießen.

Senhor Hauber wünscht eine gute Nacht und mahnt noch: „Morgen sollten wir früh aufstehen. Es gibt viel zu sehen."

In dieser Nacht habe ich einen seltsamen Traum. Von schwarzen Sklaven an den Gittern des Gefängnisses – und mitten unter ihnen eine blonde Frau. Die schwarzen Hände grapschen nach ihrer blonden Mähne. Ich wache schweißgebadet auf. Bei Tageslicht fällt mir die Szene mit Birgitta ein, jenem Schwedenmädchen vom Silvesterabend in Rio, die bei der *macumba* am Strand in Trance fiel. Was wohl aus ihr geworden ist?

Beim Frühstück will Senhor Hauber gerade mit seinem Vortrag über Kirchen beginnen, da bekenne ich Farbe. „Wie steht es mit Gold und Edelsteinen, ich möchte gerne zu den Fundstellen."

Senhor Hauber verdreht die Augen: „Immer dieses Goldfieber – und dabei gibt es so viele schöne Kirchen hier zu besichtigen."

„Meinetwegen. Aber nur die schönsten."

Draußen liegt immer noch dichter Nebel. Wie ein halb hochgeraffter Vorhang verhüllt er die obere Stadthälfte. Unten im Tal liegt die Kirche von „São Francisco de Assis", die berühmteste Barockkirche Brasiliens, die auch irgendwo in Bayern stehen könnte.

Die Stilart ist am besten als „Lust-Barock" zu bezeichnen. Heitere Heilige in Speckstein gemeißelt stehen am Portal. Innen im Domschiff zieht sich eine Figurenreihe als Holzschnitzerei von der Kanzel bis zum Altar: Madonnen mit den wulstigen Lippen der sinnlichen Mulattas. Auch Christus hat die zornigen, lustigen

Augen der Mestizen.

Überraschend tauchen in dieser fröhlichen Gesellschaft goldene Drachenmotive auf. Die Kunsthistoriker fanden ihre Herkunft heraus: Die Portugiesen beherrschten seinerzeit auch die Insel Macao im Südchinesischen Meer, und die Seefahrer brachten die asiatische Kunst mit nach Brasilien. Es ist auch nicht ganz auszuschließen, daß chinesische Handwerker und Maler hier gearbeitet haben. Die Spuren zur Vergangenheit sind in Minas Gerais etwas lückenhaft, denn nach Aufhebung der Sklaverei mit dem „Goldenen Gesetz" im Jahr 1888 wurden größtenteils auch die Archive vernichtet, um damit die Vergangenheit wegzuwischen.

Der Schöpfer der schönsten sakralen Figuren hieß Antonio Francisco Lisboa, geboren 1738. Als Sohn eines portugiesischen Architekten und dessen Sklavin Izabel mußte er ein tragisches Schicksal erleiden. Aleijadinho wurde er genannt, Krüppelchen, weil er durch Lepra seine Finger verlor. Er ließ Hammer und Meißel an seinen Armstümpfen befestigen und schuf damit die anmutigsten Statuen. Fast alle Kirchenportale in der Gegend von Ouro Preto stammen von ihm. Neben der Kirche des heiligen Franziskus von Assisi steht ein Klostermuseum. Dort hängt eines der wenigen Portraits von Aleijadinho. Ich schaue mir das Bild an. Ganz wie Mozart sieht er aus mit einer weißen Perücke. Später allerdings wurde der geniale Bildhauer von der Lepra so stark entstellt, daß er eine schwarze Kapuze mit Augenschlitzen trug. Er starb 1814.

Gold, immer wieder Gold – Glück brachte es den Leuten in Ouro Preto nicht, wie die Geschichte beweist. Auf dem Weg zum nächsten Kirchendenkmal macht Senhor Hauber auf einem Hühnerhof halt. Wozu?

„Ich will Ihnen die ehemalige Mine des Königs Chico Rei zeigen, wo er seinen sagenhaften Reichtum fand", antwortet Senhor Hauber.

Fast symbolisch erscheint mit das Ganze: der ausgeplünderte Goldschacht von Hühnern verschmutzt, der Reichtum davongeschwommen; geblieben ist die Kunst als einziger Schatz, von der sich die Leute hier ernähren. Denn die Kunst lockt die Touristen an. Sie kaufen die Edelsteine, die zerlumpte Jungen vor den Kirchen feilbieten. Und auch wir fahren jetzt zum Goldfluß, dem Rio dos Velhas, um unser Glück zu machen.

Am Goldfluß

Die Bergmassive, schwarz von eisenhaltigen Erzen, ragen bedrohlich gegen den Himmel. Man spricht hier von einer eisernen Brust mit einem Herzen aus Gold. Das Bild läßt sich gut nachvollziehen. Ein zackiger Felskamm zieht sich am Horizont kilometerweit entlang. Das Panorama beherrscht der Gipfel Itacolomi – ein ulkiger Name. *Ita* bedeutet der Stein, und *colomi* ist sein Sohn.

Vor der gewaltigen Naturkulisse steigen vielerlei Düfte von den Feldern auf. Mal duftet es lieblich nach Tee und Orangen, mal schärfer nach Tabak und Knoblauch. Wir halten vor der Gästevilla *Quinta dos Baroes*, die ein bemerkenswertes Schriftstück beherbergt: „Wir Friedrich von Gottes Gnaden deutscher Kaiser und König von Preußen bestellen Bruno von Sperling als 1. deutschen Vice Consul in Ouro Preto. Anno domini 1888." Adressiert ist das Schreiben an Princesa Isabel, eine bis heute überaus beliebte Frau, die sich für die Sklavenbefreiung eingesetzt hat. In jeder Stadt Brasiliens ist eine der wichtigsten Avenidas nach ihr benannt.

Die Reise durch die geschichtsträchtige Vergangenheit endet an einer Böschung. Es ist niemand in Sicht, aber Senhor Hauber ist sich sicher: „Hier habe ich letzte Woche noch einige Goldwäscher getroffen."

Wir befinden uns am schlammigen Flußbett des Rio dos Velhas.

In der Ferne zeichnet sich eine chinesische Pagode ab, die Giebel eines Barocktheaters im Goldgräberstädtchen Sabará, eingerahmt von schwarzen Hügeln, in denen sich die größten Eisenreserven von Brasilien verbergen.

Mitten durch die Landschaft zieht sich ein grüner Streifen, ein geschlossener Laubwald mit dichtem Unterholz. Wir finden am Ufer einen ausgetretenen Pfad und klettern durch meterhohes Gras hinab. Sobald die Sicht frei wird, entdecken wir einen Mann, so um die dreißig, und zwei erwachsen wirkende Kinder, die jedoch kaum älter als fünfzehn Jahre alt sein dürften. Sie rauchen gemeinsam eine Zigarette. Jeder zieht einmal und reicht sie dem anderen weiter. Der Mann, offenbar der Vater, steht bis zu den Knien im Schlamm. Träge wälzt sich der Fluß dahin, eine rote Brühe, die sich am Ufer in Lachen staut.

„Como va?" grüßt Senhor Hauber – wie geht's? Der Mann in Gummistiefeln läßt sich nicht stören. Er greift zu einer Pfanne, wie man sie aus Westernfilmen kennt. Grau und flach ist sie, wie der Strohhut eines thailändischen Reisbauern. Es ist die Pfanne der Goldwäscher, die sich in der Mitte konisch verengt. Dort sammeln sich die Goldkörner, während das Wasser und die Erdreste mit kreisenden Bewegungen ausgeschüttet werden.

Es ist eine primitive Arbeitsmethode, genauso primitiv wie die sonstige Ausrüstung: Motorpumpe, Schläuche, Spaten, Hacke und Machete. Doch das Wichtigste ist ein Waschbrett zum Vorsieben: Das besteht aus einem Gestell mit einem Holztrog, der mit Jutesäcken ausgelegt wurde. Auf diesen Abflußtisch schaufelt der Mann das Gestein aus dem Fluß und spült Wasser darüber, das von einer keuchenden Pumpe in schmutzigem Strahl hochgedrückt wird. Die Schlammassen werden so schichtweise langsam weggeschwemmt, das schwere Gold sinkt dabei und verfängt sich in den Maschen der Jutesäcke.

Die Prozedur wiederholt sich, und ich schaue mit dem Goldwäscher nach dem Ergebnis. Vereinzelt funkelt es in der erdverkru-

Goldwäscher mit seiner Pfanne. Das schwere Gold sammelt sich unter dem Schlamm

steten Jute-Unterlage. Manchmal so groß wie ein Reiskörnchen, meist aber nur fein wie Grießmehl: das Gold aus dem Fluß.

Zuerst mache ich paar Bilder, dann frage ich den Goldgräber Paolo direkt: „Könnte ich es auch mal versuchen, ich meine, wenn Sie mir die Pfanne leihen?"

Der Mann lächelt gutmütig, fast kommt es mir vor, als würden wir im Sandkasten spielen. Auch die Luft ist nicht „bleihaltig", niemand in der Gegend ist bewaffnet.

Paolo reicht mir seine Pfanne. Aus einem Kübel kippt er etwas von der vorgesiebten Erde drauf. Ich hocke mich an eine Pfütze, schöpfe Wasser und beginne mit den kreisenden Bewegungen. Aber es passiert das gleiche, wie wenn man zum erstenmal versucht, Spiegeleier zu braten. Es fliegt das zerschlagene Ei samt Schale in die Pfanne. In diesem Fall – schwupp! – driftet alles weg.

„Zuviel Schwung genommen", erklärt mir Paolo.

Das Kreisen mit der Pfanne ist ein Balanceakt, es erfordert

Geschick. Ich versuche es nochmals. Schon besser, aber am Schluß spüle ich doch nur die Pfanne leer, ohne daß auch nur ein Körnchen im Konus hängenbleibt.

Beim zigsten Anlauf gelingt es doch. Wie Kaffeesatz setzt sich der Goldstaub ab, und ich traue meinen Augen nicht: Es ist ein richtiges Nugget dabei, groß wie ein Traubenkern. Jetzt muß ich ganz vorsichtig sein, denn mit Fingern ist er nicht rauszufischen. Der Goldkern verschwindet immer wieder in der Dreckbrühe... ein Sieb wie etwa beim Teeseihen gibt es nicht. Also kreise ich ganz vorsichtig weiter, und endlich habe ich meinen Goldfund sauber rausgewaschen. Ein großartiger Augenblick. Paolo schaut anerkennend über meine Schulter, seine Söhne auch.

Ich reiche die Pfanne Paolo und will ihm auch das Gold geben, schließlich hat er mir seine Pfanne geliehen. Aber Paolo schüttelt den Kopf: „Es gehört Ihnen, Senhor, Sie haben es gefunden."

Ich nehme es mit als Souvenir und beginne zu rechnen. So schätzungsweise vier bis fünf Gramm habe ich jetzt in etwa einer halben Stunde rausgeholt. Wenn ich acht Stunden arbeiten würde, müßte ich etwa 40 Gramm Gold aus dem Fluß gewinnen können. Dann hätte ich in zehn Tagen fast ein Pfund, in hundert Tagen fast 50 Kilo.

Mensch, da wär ich doch reich! Nach einem Jahr hätte ich sicher 150 Kilo Gold. Und schon stelle ich mir vor, was ich alles dafür kaufen könnte. Ein Haus an der Küste von Bahia, eine Jacht?

Dann schaue ich mir Paolo und seine Söhne an! Zerlumpt mit Zahnlücken im Mund, Hände krumm vom kalten Wasser, verschmutzt bis an die Ohren, aus den Unterhosen tropft das Wasser.

„Sind Sie reich?" frage ich Paolo.

Er lacht verlegen. „Nein, Senhor, ich habe eine große Familie, meine Kinder und noch Verwandte im Haus. Der Fluß kann uns gut ernähren. Acht bis zehn Gramm am Tag. Ich arbeite zwei, drei Tage in der Woche."

„Nur?" staune ich. „Und warum kaufen Sie sich nicht eine

Maschine? Ein Förderband, damit Sie mehr Gestein zum Waschbrett transportieren können? Und nicht nur ein Waschbrett, sondern mehrere? Sie können die Arbeit rationalisieren, beschleunigen, mehr Gold herauswaschen."

Paolo hört sich meine Ausführungen an.

„Aber wozu denn, Senhor?" Er begreift nicht. „Das Gold, das der Fluß hergibt, reicht mir. Ich und meine Familie haben genug zu essen. Wir können auch zum Fußballspielen ins Stadion gehen. Und außerdem sind es noch mehr Leute, die hier vom Gold im Fluß leben. Wenn sich jeder Maschinen hinstellen würde, wäre bald nichts mehr da."

Paolo hat mich mit meinem Profitdenken beschämt. Ich will ihn nicht länger aufhalten. Also nochmals *moito obrigado*, vielen Dank. Sorgfältig verwahre ich mein Gold in einer Filmdose.

Ich winke zum Abschied. Paolo wirft mit einem Gürtelzug die Wasserpumpe an. Sie hüstelt, der Schlauch spuckt einen dicken Wasserschwall aus. Da bricht das wacklige Gestell zusammen. Alles fliegt in den Schlamm, das Waschbrett und die Goldkörnchen, die sich bereits im Netz der Säcke eingefangen haben. Wieder einmal die ganze Plackerei für die Katz.

Doch Paolo lacht. Schaut zum Himmel. Die Wolken hängen tief, aus dem Unterholz kriecht wieder Nebel. Es ist Nachmittag, drei Uhr. Lohnt es sich überhaupt, noch mal anzufangen? Von der Böschung aus kann ich noch sehen, daß Paolo abbricht. Er läßt sogar das Gestell im Schlamm liegen. Na ja, morgen wird er schon wieder kommen.

Als glücklicher Goldgräber lade ich Senhor Hauber zum Essen ein. Senhor Hauber weiß ein sehr gutes Restaurant in Diamantina. Es ist überhaupt nicht weit, *nur* dreihundert Kilometer von Belo Horizonte entfernt. Aber es lohnt sich.

„Es gibt dort die schönsten Kirchen mit den schönsten Werken von ‚Krüppelchen'. Und überhaupt, die Stadt ist ein Schmuckkästchen, vielleicht die schönste Kolonialstadt Brasiliens, mit einem

Flair wie Salzburg."

Na, dann nichts wie hin! Außerdem können wir auf dem Weg dorthin Perlen der portugiesischen Kolonialherrlichkeit abhaken:

- Mariana – das älteste Dorf an der Goldstraße von Minas Gerais mit großzügigen Kirchen, die auf den Sitz des Erzbistums hindeuten. Außerdem gibt es dort ein Museum mit Aleijadinhos Werken.
- Tiradentes – das eine besonders schöne Lage besitzt, die den barocken Reiz dieses Städtchens noch erhöht. Zu Ostern findet dort eine prachtvolle Prozession statt.
- Congonhas – dort beherrschen Aleijadinhos Propheten auf der Terrasse der Wallfahrtskirche eine weite Gebirgslandschaft.
- São Joao del Rei – fast alle Kirchen rühmen sich, Werke von Alleijadinho zu besitzen, aber in São Joao ist es verbürgt: Hier findet man seine wertvollsten Meisterwerke. Die alte Minenstadt ist zugleich der Geburtsort von Präsident Tancredo Neves, der hier auch seine letzte Ruhestätte fand.
- Nova Lima – wo sich die 2500 Meter tiefe Morro-Velho-Mine befindet, die tiefste Mine Lateinamerikas. Die Produktion liegt bei 400 Kilogramm Gold im Monat!
- Araxa – dort gibt's ausnahmsweise kein Gold, sondern etwas noch Wertvolleres: Thermalwasser mit Heilkraft. Ein Jungbrunnen im Dschungel mit einem nostalgischen Badehaus und einem *Grand Hotel* wie aus einem Visconti-Film. Ein Hauch von „Tod in Venedig". Der Bezug ist naheliegend: In Venedig starb der Schriftsteller Thomas Mann, eine Großmutter stammte aus Ouro Preto, was nur wenige wissen.

Um eine Vorstellung zu geben, wie umfassend unser Besichtigungsprogramm ist, dient der folgende Vergleich: Der Staat Minas Gerais ist fast so groß wie Frankreich. Die nördlichen Gebiete gehen bereits in Urwald über, und zur Hauptstadt Brasilia ist es von Belo Horizonte mit dem Bus eine volle Tagesfahrt.

Auf der Fahrt beobachte ich, daß, wo auch immer sich ein Fluß durch ein Dorf windet, die Bewohner nach Gold „fischen". Die ganze Familie samt Opa und Oma steht im schlammigen Wasser und schaufelt das Geröll aufs Waschbrett, direkt vor ihrem Haus, unter den Brücken, an Flußbiegungen, überall das gleiche Bild. Es hat mit Goldrausch nichts mehr zu tun. Es ist Alltag. Die Golddörfer sind allenfalls bei einer Durchfahrt romantisch, und erst mit solch einem guten Begleiter wie Senhor Hauber als lebendes Erzählbuch wird die Reise vergnüglich.

Ich erfahre erstaunliche Dinge, zum Beispiel über Bienenzucht. Brasilien – und die Superlative reißen nicht ab – ist der größte Honigproduzent der Welt. Und wie könnte es auch anders sein? Senhor Hauber ist passionierter Bienenzüchter. Die Deutschen haben sich auch auf diesem Gebiet große Verdiente erworben. Sie exportierten die ersten Bienen aus der Lüneburger Heide nach Brasilien. Aber nach einiger Zeit geschah etwas fast Menschliches: Die deutsche Biene wurde in Brasilien faul. Auf mehr als drei Ernten brachte sie es nicht mehr. Deshalb wurde eine neue Art eingesetzt, wie weiland die schwarzen Sklaven in den Goldminen: die afrikanische Killerbiene. Die ist groß, kräftig und gefährlich, aber immens fleißig. Sie bringt zehn Ernten im Jahr aus Orangenblüten und Waldtrauben, aus den Nußfrüchten von *caju* und den duftenden Eukalyptusblumen, den köstlichsten Honig überhaupt. Zwei Tonnen im Jahr produziert Senhor Haubers schwarze Bienenarmee!

Der letzte Streckenabschnitt führt zurück zum Flughafen. Pampulha, von wo ich zurück nach Rio fliegen möchte. Diesmal bei Tageslicht. Kurz davor liegt eine Trabantenstadt, die wie eine apokalyptische Kulisse wirkt. Die neuen Reihenhäuser sind menschenleer. Man baute sie für die Armen, um sie aus den Slums umzusiedeln. Nur konnte keiner die Miete bezahlen. So blieb die großangelegte Siedlung eine gigantische Fehlplanung. Straßenzüge verrotten, ohne daß sich jemand darüber den Kopf zerbricht.

Beim Abschied am Flughafen frage ich noch: „Hauber, ist das eigentlich Ihr richtiger Name?"

Senhor Hauber reagiert etwas irritiert. „Nicht ganz", sagt er. „Die Brasilianer, wissen Sie, können das ‚R' nicht aussprechen."

Das ist mir auch aufgefallen. Sie sagen nicht Rio, sondern Hiu. Vor dem Popfestival „Rock in Rio" habe ich einige Zeit gebraucht, um herauszufinden, was die Cariocas mit „Hock in Hiu" meinten.

„Und der Name Hauber?"

Der gute Mann ziert sich immer noch. „Wissen Sie, ist mir auch lieber, daß die Brasilianer das ‚R' nicht aussprechen können. Ich heiße nämlich Räuber – und das gefällt mir nicht unbedingt."

2500 Kilometer mit einem verrückten Auto

Es ist Viertel vor neun, laut meiner Schweizer Armbanduhr. Doch eine große Uhr über dem Pool von Copacabana zeigt erst halb neun. Beim nächsten Zeitvergleich allerdings stimmt es wieder: Punkt zehn Minuten nach neun hat die große Uhr die Verspätung eingeholt. Wie es funktioniert, eine Viertelstunde Zeitunterschied in zwanzig Minuten auszugleichen, bleibt ein Rätsel der Uhren von Rio.

Die Zeitmesser stehen an allen Ecken, weil kaum ein Carioca eine Armbanduhr am Handgelenk trägt, und wenn schon, dann nicht links, sondern meistens rechts. Daran ist auch ein Autofahrer zu erkennen. Am offenen Wagenfenster wäre es zu leichtsinnig, die Uhr links zu tragen, da könnte sie ein Dieb bei roter Ampel schnell wegreißen.

Ich verlege meine Uhr auch nach rechts. Punkt halb zehn – die große Uhr vom *Copacabana Palace* zeigt bereits zehn – ist Rudimari mit ihrem Wagen vorgefahren. Rudimari, eine tüchtige Sekretärin bei der „Bradesco"-Bank, hat mir ein günstiges Angebot gemacht. „Warum willst du einen Wagen mieten? Ist doch viel zu teuer. Du kannst meinen Wagen zum halben Preis haben."

So machen es die Brasilianer, damit ein paar zusätzliche Cruzeiros abfallen. Dabei verhalten sie sich denkbar unbekümmert. Was heißt hier Unfallrisiko, Panne oder Diebstahlgefahr? Nicht einmal die Versicherung ist der Rede wert. Rudimari spricht nur über die Vorteile, wenn ich ihr Auto miete. „Es hat eine schöne Farbe in Goldmetallic und ein Schiebedach."

Sie hat mich überzeugt. Ein Schiebedach ist allemal wichtig bei einer Fahrt entlang der Küste. Und wie kommt der Wagen wieder nach Rio zurück? Denn meine geplante Fahrt soll sich über 2000 Kilometer oder noch mehr erstrecken.

Dafür gibt es in Brasilien die Speditionsfirmen. Das Auto wird auf einen Lastwagen verladen und zurückgeholt. Die Transportkosten betragen etwa zweihundert Mark auf tausend Kilometer. Fast billiger, als selbst zu fahren.

Jetzt steht also der Gol, eine brasilianische VW-Variante vom Golf, vor dem Hotel. Die Übergabe gerät zu einem kleinen Kabinettsstück.

„Die Dokumente sind mir geklaut worden", erklärt Rudimari, „diese Fotokopie gilt als vorläufige Zulassung, die aber nächste Woche abläuft."

Dann schließt Rudimari ihren Wagen auf. Allerdings nicht an der Fahrerseite, dort ist das Schloß kaputt, also muß man erst die Beifahrerseite aufmachen und rüberklettern.

„Das Radio", entschuldigt sich Rudimari, „ist mir vorige Woche geklaut worden. Und dann noch eins: Du darfst nicht volltanken, sonst springt der Wagen nicht an. Nur auf dreiviertel Tank fahren, ich glaube, die Benzinpumpe ist defekt, aber sonst ist der Wagen in Ordnung, die Bremsen funktionieren und die Hupe auch. Also dann, gute Fahrt!"

Rudimari ist weg, ich schließe den Wagen wieder ab, um mein Gepäck zu holen, einen Ledersack und den Kamerakoffer. Als ich zurückkomme, beginnt der Kampf mit dem Schloß.

Ich stecke den Schlüssel rein, eine halbe Umdrehung. Nichts. Ein zweiter Versuch. Wieder nichts. Also noch mal Schlüssel raus und rein, mit Fingerspitzengefühl wie beim Tresorknacken drehen, dann mit Kraft und schließlich mit Gewalt. Nichts. Die Tür hält auch sonstigen Angriffen stand. Es ist wie verhext. Fahrerseite, Beifahrerseite, die Tür geht nicht auf. Etwa doch den falschen Schlüssel bekommen?

Ich versuche es am Kofferraum, klapp, die Haube springt sofort auf. Inzwischen beobachten schon mehrere Leute meine Bemühungen. Einige versuchen zu helfen. Vergeblich.

Die Hoteldiener schauen belustigt zu: „Made in Brasil" – und mir fällt eine letzte Lösung ein. Kofferraum auf, hineinklettern, Sitzbank umklappen, Tür von innen entriegeln.

„Jawohl", triumphiere ich, „so steigt man auf brasilianisch ein." Dick und Doof hätten die Szene nicht komischer gemeistert. Die Hoteldiener strecken den Daumen nach oben. Das vertraute Zeichen: *„Tudo bem"* – alles klar.

In Richtung Süden gelange ich aus Rio zügig hinaus, an Copacabana vorbei nach Ipanema in den Tunnel Dois Irmaos. Den rauchenden Schlund des Tunneleingangs überbrückt ein Wohnblock in der Dimension einer halben Trabantenstadt, von x-förmigen Hahnenfüßen aus Beton getragen. Endlose Autostaus und höllischer Verkehrslärm ist hier die Norm, und im Tunnel bilden die Abgase dicken Nebel.

Der Tunnel endet unterhalb der Favelas. Knapp 80 000 Menschen klettern täglich den steilen Hang zu ihren Buden hoch. Die Schnellstraße unten führt am Strand von São Conrado entlang. Die hohen Atlantikbrecher knallen an den Strand, zu dessen Südzipfel die Hippies von Rio strömen, zur Praia do Pepino, Gurke, benannt nach ihrer Form, beschattet vom Tafelberg Pedra Gavea. Von dort starten die Drachenflieger. Am Samstag und Sonntag liegen ihre Fluggeräte am Strand, zur Schau ausgestellt.

Das Turmhotel National, dahinter der Tafelberg Gavea, Startplatz für tollkühne Drachenflieger

Weiter stadtauswärts führt eine Hochstraße am Meer entlang. Sie ist in zwei Etagen übereinander angelegt. Darunter zerbersten die Wellen an den Felsen. Der nächste Tunnel endet in Barra da Tijuka, die neue Rio-Zukunft aus Betonburgen, zur grauen Silhouette zusammenfließend. An einem künstlichen See hat man sich wieder an den spanischen Baustil erinnert: rustikale Häuser und Bungalows am Ufer, eine Oase für die Reichen.

In Barra da Tujica haben sich große Einkaufszentren niedergelassen, auch zahlreiche Fischrestaurants und Tanzlokale für Samba-Feste, mit einem Fassungsvermögen für über tausend Besucher.

Von der holprigen Hauptstraße gabelt sich eine kleine Abzweigung zum Autodromo Jacarepaqua ab. Gestern am Sonntag war ich in diesem Stadion beim Beginn des diesjährigen Grand-Prix-Zirkusses. Das Formel-I-Fieber nimmt inzwischen fußballähnliche Begeisterung an. Rund 200 000 Brasilianer bejubeln ihre Piloten. Wenn Nelson Piquet oder Ayrton Senna vorbeisausen, hebt es die Zuschauer wie magnetisiert von den Tribünensitzen. Scheiden allerdings die brasilianischen Fahrer vorzeitig aus dem Rennen aus, läßt das Interesse schlagartig nach. Gestern ist Nelson Piquet bereits in der sechsten Runde ausgefallen. Ayrton Senna mußte im letzten Drittel aufgeben. Nachdem auch Publikumsliebling Niki Lauda in den Boxen verschwand, kam es zum Massenaufbruch. Alain Prost kurvte zum Sieg fast schon vor leeren Reihen.

Ähnlich verhält sich's auch mit Fußball. Sind die Brasilianer nicht mehr am Leder, ist es völlig schnuppe, wer sich den WM-Titel holt.

Kilometer 25: Die Grenze zwischen Großstadt und Natur verläuft so unvermittelt wie zwischen Podium und Orchestergraben. Von der Auto-Estrade Rio Santos verzweigt sich eine schmale Asphaltpiste zum Recreio do Bandeirantes, was auf deutsch Erholungsgebiet der Fahnenträger bedeutet. Diese bis zu den Zähnen bewaffneten Abenteurer haben einen historischen Ursprung. Auf ihren blutigen Streifzügen, von São Paulo ausgehend, drangen sie Ende des 17. Jahrhunderts weit ins unbekannte Innenland ein. Sie waren auf der Suche nach Edelmetall, betrieben aber auch brutalste Sklavenjagd und waren wegen ihrer Grausamkeit gefürchtet. Auf alten Kupferstichen sind sie meist mit feuernden Musketen abgebildet.

Wie auf diesen Kupferstichen sieht auch die Landschaft aus. Von dem felsigen Prainha-Strändchen ist Rio bereits in unwirkliche Ferne gerückt, wie eine Fata Morgana. Ovale Felsen säumen die Asphaltstraßen, die zu den grünen Bergen führt. In den Bretterbuden bereiten Einheimische ihre einfachen Speisen zu und verkaufen sie an die Ausflügler, die zum Wochenende die Region überschwemmen.

Vom Küstenweg wieder auf der Landstraße gelandet, versuche ich, einen Laster abzuhängen. Das ist verdammt schwierig. Das Monster auf acht Achsen donnert mit hundert Sachen hinter mir her, und das mit einem ohrenbetäubenden Hupkonzert. Offenbar ist es dem Fahrer langweilig geworden.

Kilometer 65: Itacuruca. Der dreitägige Tropenregen hat die Straßen völlig unterspült. Große Kraterbrüche klaffen im Asphalt, und man sieht, wie leicht und ohne feste Unterlage die Straßen gebaut sind. Der Asphaltteppich liegt unmittelbar auf der Lehmerde. Anscheinend ist es billiger, die Schäden ständig zu reparieren, als feste Straßen zu bauen.

Itacuruca ist ein berühmtes Fischerdorf. Ausgelegte Fangnetze trocknen in der Sonne und schmücken samt präparierten Fischköpfen und glanzlackierten Hummerschalen die luftigen Fischlokale.

Ein Schlaraffenland der Fische. Ich teste das Restaurant *Genoval*. Die Familie kocht groß auf. Im Hinterhof liegen tellergroße panierte Fischschnitzel in einer Badewanne. Eimer quellen über von Scampis. Eine Mahlzeit mit etwa sieben Gängen kostet ungefähr 30 Mark.

Kilometer 110: Angra dos Reis. Die Küstenstraße ist gesperrt, ein Teil wurde von den Regenmassen ins Meer gespült. Die Umleitung führt über halsbrecherische Wege, einige Abschnitte sind schwindelerregend steil. Es artet in eine Klettertour im ersten Gang aus. Vor mir kriecht ein VW-Bus den Berg hinauf. Bei der letzten Steigung qualmt er so stark, daß mir der Rauch die Sicht versperrt. Auch die Kupplung von meinem Wagen stinkt schon stark nach verschmorter Dichtung.

Oben vom Bergkamm aus ist die Insellandschaft von Angra zu überblicken. Mit ihren zahlreichen Fjorden erinnert sie an Norwegen. Weit und breit ist keine Palme zu sehen. Am Horizont steigen Rauchsäulen auf. In die Küstenregion frißt sich schwere Industrie hinein: Raffinerien, Zementfabriken, Stahlwerke.

Es ist fünf Uhr. An der Landstraße verstärkt sich der Verkehr. Überfüllte Busse mit dicken Abgasfahnen überholen die keuchenden Laster. Am Straßenrand gehen heimkehrende Arbeiter im Gänsemarsch, auch Kinder in Schuluniformen. Radfahrer in Slalomfahrt, Reiter hoch zu Roß und Militär bringen die Straße zum Platzen.

Kilometer 160: Die Landschaft hat den Industriemoloch noch einmal abgewehrt. Das satte Grün überwuchert die Hänge. Nach jeder Bergkurve springen unten am Meer neue malerische Buchten hervor, mit kleinen vorgelagerten Inselgruppen und versteckten Piratenwinkeln. Ich mache von der hochgelegenen Küstenstraße einen Abstecher zu einer der einsamen, verträumten Buchten. Die Sonne neigt sich dem Untergang. Die letzten Strahlen vergolden den Strand.

Um diese Stimmung voll auszukosten, klettere ich auf einen runden roten Felsen. Plötzlich spüre ich einen stechenden Schmerz in den Füßen. Als ich runterschaue, bekomme ich einen Schreck: Tausende von winzig kleinen, roten Ameisen klettern an meinen Beinen hoch. Es brennt wie Salzsäure – Feuerameisen! Und ich stehe auf ihrem meterhohen Ameisenhaufen.

Der Sprung ins Wasser lindert nur kurzfristig die Schmerzen. An diesem Abend schwellen meine Füße so dick an, daß ich keine Schuhe mehr anziehen kann. Die Wunden entzünden sich. In den nächsten Tagen fließt Eiter in Mengen aus. Ich könnte einen mittleren Zahnputzbecher damit füllen. Der Arzt gibt mir nur einen Puder. Bis die Eiterblasen verheilen, dauert es fast zwei Wochen. Es bleiben dunkle Narbenspuren.

Kilometer 220: Kurz vor Parati, einem alten portugiesischen Hafen, zieht ein schweres Gewitter auf. Als ich in das Städtchen hineinfahre, gießt es in Strömen. Der Himmel steht in Flammen. Gebündelte Blitze zersäbeln die Wolken. Die Scheibenwischer bewältigen die Wassermengen nicht mehr.

Die Ortsmitte ist nur zu Fuß erreichbar. Parati steht nämlich unter Denkmalschutz und ist für Autoverkehr gesperrt. Bis ich zur *Pousada do Ouro* hinlaufe, bin ich bis zum letzten Faden durchnäßt. Diese Pension aus der Kolonialzeit verzaubert mit ihrem Flair, auch die schmalen Gassen mit Katzenkopfpflaster wirken sehr romantisch.

Die ganze Nacht regnet es ununterbrochen. Am nächsten Morgen ist Parati von der Außenwelt abgeschnitten. Die schmale Landzunge, einzige Verbindung zum Festland, ist überschwemmt. Auch am Parkplatz stehen die Autos bis zum Kotflügel im Wasser. Die Leute in Parati haben ihre Gummistiefel hervorgeholt und waten durchs knietiefe Wasser.

Gegen Mittag regnet es schon wieder. Ich drehe unter dieser Naturdusche meine Schwimmrunden im Pool. Von Parati fahren

Parati, eine alte portugiesische Hafenstadt. Sie steht unter Denkmalschutz und ist für Autos gesperrt

an schönen Tagen bunte Fischerboote mit Passagieren zu einer der vielen hundert Buchten hinaus. Ein Tag zum Baden und Fischen. Picknick gibt es an Bord. Wegen des Dauerregens wird nichts daraus. Am nächsten Morgen ist eine Pontonbrücke zum Festland fertig, und ich fahre sofort los, solange es noch möglich ist. Die bunten Häuser mit ihren dicht bewachsenen Innenhöfen bleiben mir in guter Erinnerung. Außerhalb der Touristensaison muß Parati wirklich ein bezaubernder Ort sein.

Kilometer 300: Es ist verrückt – von Regen keine Spur mehr! In der Region São Paulo herrscht katastrophale Dürre. Seit neunzig Tagen ist kein Tropfen Regen mehr gefallen. Das Fernsehen zeigt die verheerende Situation. Die Wasser-Reservoire von São Paulo sind ausgetrocknet. Die Feuerwehr muß die Favelas mit Trinkwasser versorgen.

Die Küste von Santos verliert ihre Romantik. Die Dörfer verwandeln sich in Massenerholungsorte. Allein Groß-São-Paulo zählt 14 Millionen Einwohner, und an den Wochenenden wachsen die Autoschlangen bis über sechzig Kilometer an. An der Fähre zur vorgelagerten Ilha Bela, einem beliebten Erholungsziel, wartet man bis zu vierundzwanzig Stunden. Noch aber ist Donnerstag und die Straße ruhig.

Den Anschluß zur Autobahn Santos–São Paulo habe ich irgendwo verfehlt. Jetzt quäle ich mich mühsam durch die Vororte. Es wird zum Alptraum. Je näher ich São Paulo komme, um so unübersichtlicher wird die Gegend. Sie besteht nur noch aus einer chaotischen Anhäufung von Werkshallen und Fabriken und völlig planlos gebauten Siedlungen. Schrotthalden türmen sich neben Wohnblöcken, Mülldeponien neben Supermärkten und Slums, ein ewiger Verhau.

Der Busverkehr drängt sich in drei Spuren stadtauswärts. Über den verqualmten Peripheriestraßen hängen Verkehrsampeln, die das Verkehrschaos regeln sollen: Morgens geht es dreispurig herein, abends dreispurig hinaus; nur eine Spur bleibt jeweils für den gegen den Strom fließenden Verkehr.

Busse und immer wieder Busse, als würde ganz São Paulo nur aus Bussen bestehen. Und dann tritt die Dämmerung ein. Ein gespenstisches Zwielicht. Die Straßen verdüstern sich durch die dicken Abgase noch mehr. Die Dunkelheit greift wie eine Qualle um sich. Es gibt keine Laternen, nur die Katzenaugen der Autos, abgeblendete Scheinwerfer und blinde Rücklichter. Hinweisschilder fehlen völlig. Ich muß mich auf meinen Orientierungssinn verlassen.

Endlich taucht eine Autobahnbrücke auf, der Anschluß zur Tangentiale. Aber die Brücke ist gesperrt. Sie ist nur noch eine Bauruine. Die Pfeiler sind zusammengebrochen, die Betonbahn eingestürzt. Unter den Trümmern breiten sich Slums aus. Die Leute wohnen nicht einmal in Bretterbuden, sie haben nur Zeltplanen aufgespannt.

An einer anderen Stelle verläuft ein betoniertes Flußbett, aber statt Wasser haben sich wieder nur Slums ausgebreitet. Wenn ich an die malerischen Favelas an den Hängen von Rio denke, ist Rio wirklich das gelobte Land oder das Paradies. Hier ist jedenfalls die Hölle.

Kilometer 429: São Paulo. Selbst die wichtigste Stadtautobahn ist wider jede Logik geführt, als wäre sie von drei verschiedenen, voneinander nichts wissenden Baubehörden geplant worden. Und so ist es auch. Die Verwaltung von São Paulo ist in Distrikte angelegt, zwischen denen es keine Koordination gibt. Ich komme an die Ausfallstraße von Anchieta und stoße unmittelbar auf eine breite Einbahnstraße. Da rollt mir der Verkehr plötzlich entgegen. Die ankommenden Autos werden mit einem Wald aus Verkehrsschildern in viele Seitenstraßen abgeleitet. Danach soll jeder selbst sehen, wie er durchkommt. Irgendwo setzt sich diese Schnellstraße wieder fort. Ich entdecke sie per Zufall.

Zwei Tage bleibe ich in São Paulo. Ich befinde mich in einem Wechselbad aus Faszination und Horror. Die Avenida Paulista ist wie ein Stück von New York, nur viel hektischer. São Paulo dürfte auch die meisten Restaurants der Welt bieten. Die größten Pizzas, die größten Steaks, die schärfsten Radieschen, das beste Fisch-Carpaccio, die beste Seezunge, die längsten Spaghetti, die knusprigsten Käsehörnchen.

Vor der Churrascaria *Rodeio* in der Rua Haddock Lobo parken in langen Reihen nagelneue Wagen, Marke Mercedes 500, obwohl die nach Brasilien gar nicht importiert werden. Doch für reiche Kunden gibt es immer einen Weg, zum Stückpreis von einer Viertelmillion Mark diese Prestigewagen zu beschaffen.

Das *Rodeio* ist eines der „in"-Treffs. Die Hochrippe, *costela*, wird auf Rollwagen zum Tisch geschoben und nach Maß portioniert. Anderthalb Kilo Fleisch auf dem Teller deckt so ungefähr den Appetit der Paulistas, der Bewohner von São Paulo, für die das Essen einen Ersatz für den mangelnden Freizeitwert ihrer Metropole darstellt.

Auch das Nachtleben ist schillernd. Mit Nacktrevuen und Shows hält São Paulo wohl ebenfalls den Weltrekord. Und noch ein Weltprimat: das größte Schlangeninstitut, BUTANTAN. Kisten mit dieser Aufschrift werden im ganzen Land kostenlos befördert und mit größter Vorsicht behandelt. Sie enthalten hochgiftigen Inhalt, Schlangen, aus denen das Institut lebensrettende Seren herstellt. Die Gebäude mit großen Portalen im Kolonialstil befinden sich in einem Park. In mehreren Pavillons kann man die Terrarien besichtigen.

Die Schlangen haben schöne Namen, je giftiger, desto schöner: *coral, vibora, cascavel, jararaca, jaracusu* – Vipern, bunt wie eine Korallenkette, eine ganze Verwandtschaft von Kreuzottern und netten Klapperschlangen.

Eine Wandgrafik zeigt anhand einer Menschenfigur, wo die meisten tödlichen Bisse entstehen: Bei neunzig Prozent der Fälle sind es die Füße. Landarbeiter und Einheimische mit unzulänglichem Schuhwerk sind die Betroffenen. Mit festen Stiefeln läßt sich die Gefahr der Schlangenbisse wesentlich verringern. Die zweitgefährlichste Zone sind die Hände bis hinauf zum Ellbogen. Danach folgt die Halspartie. Es sind also die unbedeckten Körperteile, die gefährlich sind.

Ich verweile noch vor einem Käfig mit lustigen Affen, *macacos mulata*. Sie sind alle als Versuchstiere bei Serumtests dem Tod geweiht. In einem Stall stehen Pferde mit hängenden Köpfen, auch Stiere und Büffel. Ihnen allen wurde Schlangengift gespritzt. Aus ihrem Blut entsteht dann das Serum. Dank BUTANTAN sind die Todesfälle durch Schlangengift von siebentausend auf siebenhundert im Jahr zurückgegangen.

Noch eine Erfahrung mache ich in der Stadt, deren Verwaltung ins Chaos entgleitet: Ich suche die Hausnummer 830 an der Avenida 23 de Maio. Aber die Avenida hört schon bei der Parzelle 600 auf. Falsche Adresse? Nein, nur wurde diese Avenida von

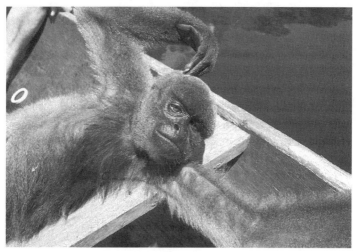

Versuchsaffe im Institut BUTANTAN

einer modernen mehrstöckigen Kreuzung unterbrochen. Dahinter baute man ein paar neue Häuserblöcke, und die Fortsetzung der alten Straße wurde einfach vergessen. Sie heißt immer noch Avenida 23 de Maio, ist aber nirgendwo mehr verzeichnet. Als ich wegen der Adresse nachforsche, erfahre ich, daß dieser Straßenabschnitt nicht einmal mehr in den Plänen des Stadtkatasteramtes existiert. Nur in der Wirklichkeit gibt es sie.

Wie kommen die Paulistas mit ihrem Straßenrebus klar? Ich frage einen befreundeten Firmenchef.

„In São Paulo fährt man nicht selbst", ist die Antwort. „Sobald man eine gewisse Position erreicht hat, nimmt man sich einen *motorista*, einen Fahrer. Nur so ist ein Herzinfarkt zu vermeiden."

Ich steige auf Busse um. Es gibt sie auch mit 1. Klasse, vollklimatisiert und sogar mit Fernsehen. Nur sind die Haltestellen nicht überall gekennzeichnet. Die Erklärung ist einleuchtend: „Die gehobene Schicht, die diese Luxusbusse benützt, ist intelligent genug, um auch zu wissen, wo diese Linien zu halten pflegen."

Aus dem Bauch des Molochs São Paulo wieder herausgespült, fahre ich weiter nach Süden, was aber in dieser Hemisphäre dem kühleren Norden entspricht. Je weiter vom Äquator entfernt, um so europäischer wird die Landschaft. In den Hügeln sind unzählige Luxusvillen versteckt, von schweren Gittern umzäunt und von bewaffneten Männern beschützt.

Die Laster bilden an den Steigungen kilometerlange Schlangen. Es ist fast unmöglich, zu überholen. Das Tagespensum beschränkt sich dadurch auf vierhundert Kilometer.

Oktoberfest und Balalaika

Kilometer 837: Curitiba. Die Hauptstadt des Bundesstaates Paranã ist ein modernes Industriezentrum. Das Rathaus mit Jugendstilfassade könnte auch in Wien stehen. Es wird immer europäischer. Auch das brasilianische Frauenwunder schwindet. Die Mädchen hier sind untersetzt und haben nicht die stolze Haltung der Cariocas oder Paulistas. Die Jugend der Stadt versammelt sich abends vor McDonald's-Läden, aus denen Discomusik plärrt.

Kilometer 955: Joinville könnte in Holland gelegen sein. Windmühlen und Blumengärten schmücken die Landschaft, die bunten Häuschen sind gepflegt. Überhaupt leben hier ordentliche Leute. Kein Abfall und kein Schrott ist zu sehen, nicht ein weggeworfenes Papierschnipselchen. Die Einwanderer stammen hier tatsächlich aus den Niederlanden, aus Italien und Deutschland. Im Bundesstaat Santa Catarina leben fast zwei Millionen Deutschbrasilianer. Beim nächsten Wegweiser fühle ich mich dann wirklich heimisch: Blumenau.

Die Straße folgt lieblichen Flüssen, die mich an den Rhein erinnern. An den sanften Weinbergen reifen Trauben. „Mosel" und „Riesling" offerieren die Weinkellereien ihre Sorten. Und „Wein vom Faß".

Die Gegend ist gleichmäßig besiedelt. Kleine Dörfer ziehen sich entlang der Straße, und selbst vor der letzten Bruchbude ist der Lehmboden sauber gekehrt. „Besuchen Sie das Oktoberfest in Blumenau", wirbt eine Riesentafel. Als Symbol gibt es zwei Figuren, einen lustigen Bayern mit Gamsbart und ein Mädl im Dirndl.

Auch das ist Brasilien! In Blumenau leben viele Deutsche, die ihre alten Traditionen sorgfältig pflegen

Große Werbeschilder verdichten sich auch für das Hotel *Himmelblau Palace*. Ich halte beim *Gasthof drei Rosen* und bestelle einen Milchkaffee. Mit Zucker oder ohne, fragt die Bedienung auf deutsch. Bei der Tankstelle spricht man ebenfalls deutsch: „Das haut mir den Vogel raus", sage ich. Aber der Mann versteht mich nicht. Mit Worten wie raushauen oder ausgeflippt kommt man hier nicht weiter. Das Deutsch, das hier gepflegt wird, stammt aus Luthers Mund, der Predigtsprache der Bibel, klar und gerecht, wie die Leute selbst.

Als vor einigen Jahren diese Gegend von einer katastrophalen Überschwemmung heimgesucht wurde, lehnten die Siedler von Santa Catarina jegliche Hilfe ab. Ganz Brasilien sprach von den tapferen Deutschen. Heute sieht man von den Spuren der Katastrophe nur noch die Markierungen an den Häusern. Das Wasser stand damals bis zu den Dächern.

Im Gasthof *Ein Prosit* in Blumenau esse ich zu Mittag: Schweinebraten mit Sauerkraut, als Nachspeise Apfelstrudel. Der Wirt freut sich über einen echten Münchner. Er war nie in Deutschland, ist aber relativ gut informiert. Eins versteht er aber nicht: „Das mit den Gastarbeitern. Warum haben die Deutschen Türken und Italiener geholt? Wenn sie schon Hilfe brauchen, warum haben sie nicht uns gerufen? Wir würden gerne wieder in Deutschland arbeiten. Wir würden für Deutschland auch in den Krieg gehen."

Das Thema wird heikel. Das Geschichtsbild der Deutschbrasilianer ist völlig verzerrt. Diese stark religiösen Naivgemüter halten Hitler immer noch für einen „guten Führer". „Er wäre sogar imstande gewesen, Brasiliens Probleme zu lösen", meinen sie. Es ist schwierig, den Leuten die Zusammenhänge zu erklären. Sie sind stolze Deutsche, stolz auf ihre germanische Herkunft und ihr Brauchtum.

In Blumenau hängt an jeder Ecke ein Wegweiser: Oktoberfest. Das hiesige beginnt, wenn das Oktoberfest in München endet, das heißt, es geht weiter mit Ramba-Zamba. Bereits zum zweitenmal veranstaltet, hofft man bald auf gute Geschäfte. Die brasilianische Welt soll nach Blumenau pilgern, zu Bier, Brezln, Blutwurst und Blaukraut.

Kilometer 1217: Ich fahre wieder zur Küste zurück. Der Weg nach Florianopolis hat den Reiz vom Elsaß. Kathedralen mit spitzen Türmen beherrschen die Landschaft. Der Pseudogotik mit protestantischer Schlichtheit erbaut, fehlt die Verspieltheit des brasilianischen Lust-Barocks von Minas Gerais.

Florianopolis liegt auf der Insel Santa Catarina. Die größte Hängebrücke Brasiliens verbindet sie mit dem Festland. Die Konstruktion erinnert an die Brooklyn-Brücke in New York. Die Stadt selbst hat eher das Flair von New Orleans. Die Stilmischungen sind faszinierend, vor allem weil man in Brasilien alle Arten vorfinden kann. Daß man obendrein überall Portugiesisch spricht,

Im Staat Santa Catarina kam ich mir manchmal vor wie auf einer Reise durch den Schwarzwald ins Elsaß

ergibt einen Zusammenhalt. Nichts wirkt also völlig fremdartig. Die Vielfalt bildet doch eine homogene Einheit – Brasilien.

Die Strände von Santa Catarina berauschen durch ihre Weite. Die Sanddünen sind ein Stück Sahara, umspült von Meereswellen. Ich kann von diesem Sand nicht genug kriegen. Immer wieder klettere ich auf die Dünen hinauf. Die feinen Sandkörnchen

Erholung im warmen Sand

rieseln wie Kristallzucker und sind durch den Wind ständig in Bewegung. Man glaubt fast, von der Spitze der Düne abheben zu können. Ein schwereloser Zustand packt mich.

In der Bucht von Praia da Joaquina marschiere ich zwölf Kilometer weit durch die Sandlandschaft. Auf einem Sandplateau begegne ich schwarzen Kühen. Sie wirken in dieser weißen Landschaft wie von einem anderen Stern. Ein kleiner Junge treibt die Herde zum Meer, zu den saftigen Weideplätzen. Nein, diesmal ist kein Vergleich möglich: Die Insel Santa Catarina ist ein einmaliges Landschaftsgebilde aus romantischer See, sanften Hügeln und offenen Buchten, die bis zum Horizont reichen.

Beim Kilometerstand 1499 ändere ich die Richtung. Nun geht es landeinwärts bis zu den mächtigsten Wasserfällen der Welt: Foz do Iguaçu. Ich überquere den gesamten Bundesstaat Santa Catarina. Mit gemütlichem Bummeln auf der Landstraße komme ich nicht vorwärts. Ich muß schon das Auto knüppeln, wenn ich nicht ständig von den schweren Brummis überholt werden will. Sie fahren bei Einbruch der Dunkelheit noch einen Zacken schneller und blenden ihre Scheinwerfer nicht ab. Ich fahre wie in Trance und wage auch sehr riskante Überholmanöver. Aber irgendwie spüre ich dabei meinen Schutzengel im Rücken.

Kilometerstand? Die Tachowelle ist abgebrochen, aber das spielt keine Rolle. Der Abstecher zur Villa Velha bereue ich nicht, und jetzt fühle ich mich wie in Colorado, der Szenerie der Cowboyfilme. Die Gesteinsformationen regen die Phantasie an: Indianerköpfe, heulende Wölfe, gar sechsspännige Kutschen lassen sich in den Felsgebilden erkennen. Die rötlichen Steine haben sich durch Erosion und Verwaschung zu bizarren Skulpturen verwandelt. Und Wasserfälle jeder Größenordnung gibt es zu bewundern: Salto São Francisco, Salto da Usina, Salto Manduri.

In Richtung Prudenrópolis wechselt der Baustil. Wo kommen die runden byzantinischen Kuppeln der orthodoxen Kirchen her?

Mütterchen Rußland läßt grüßen. Die ukrainischen Auswanderer bilden hier eine geschlossene Minderheit. Auf ihren Festen spielt die Balalaika, und Tanzgruppen wirbeln mit weiten plissierten Röcken.

Die mächtigsten Wasserfälle der Welt

In der Luft hängt schwerer Wassergischt. Tosender Lärm betäubt die Ohren. Ich stehe am Rande der Iguaçu-Wasserfälle. „Armer Niagara", soll Lady Roosevelt hier ausgerufen haben. Über einen Felsenrand stürzten 270 Wasserfälle des Rio Iguaçu 80 Meter tief hinunter. 150 Millionen Kubikmeter Wasser pro Stunde.

An Felsen wuchert tropische Vegetation: Begonien, Orchideen und riesige Farne. In der Mitte des Flusses verläuft die Grenze zu Argentinien. Drüben führen Stege über die Katarakte, und die

Foz do Iguaçu, ein gewaltiges Naturereignis

Spazierwege sind schöner. Den gigantischeren Anblick jedoch haben die Brasilianer.

Ich übernachte im Hotel *Das Cataratas* und fühle mich in diesem rosaroten Kolonialhaus wie Hemingway. Antike Möbel, ein Billardsalon, Ventilatoren an der Decke und Gin Tonic an der Bar – alles was die Abenteurerseele wünscht. Ich klettere hinauf in den Turm und bin restlos überwältigt: Die Wasserfälle gischten vor mir in die Tiefe. Der Platz ist ideal zum Träumen und Meditieren. Außer mir ist noch ein fotografierender Kanadier da, eine Französin liest Gedichte, und ein Pärchen unterhält sich über Nepal. Sie empfinden hier eben das gleiche wie in Katmandu.

Manchmal allerdings macht die Natur nicht mit. Als James Bond hier eine spektakuläre Szene drehen wollte, tropfte es nur träge von den Kaskaden. Mangels Regen trocknete der Fluß aus, und die größten Wasserfälle der Welt waren zeitweilig verschwunden.

Ansonsten ist der Ort Iguaçu ein lausiges Kaff. Ich überquere den Ponto Amizade, die Freundschaftsbrücke, nach Porto Stroessner, die zweitwichtigste Stadt Paraguays. Es gibt keine Paßkontrolle, die Grenzpolizei winkt die Autokolonne nur rüber. Dieser zollfreie Flußhafen ist das Zentrum internationalen Schmuggels im Dreiländereck Brasilien–Paraguay-Argentinien. Es geht um Zigaretten, Whisky, Drogen. Nach Asunciòn sind es nunmehr 340 Kilometer auf der einzigen durchgehend asphaltierten Straße des Landes.

Ich bleibe in Porto Stroessner. In einer Bar lehnen die merkwürdigsten Typen an der Theke, hauptsächlich Deutsche. Ich lerne einen Münchner kennen: Carlo Schmitt, *engenheiro civil*. Für ihn hat sich der Traum vom Pionierland erfüllt: „Für 'n Appel und 'n Ei" ist alles zu haben. Mit einem Minimalkapital versucht er, ohne komplizierte Baugenehmigungen einen Freizeitpark zu verwirklichen. Er lädt mich zum Besuch ein. Unterwegs schwärmt er von dem hohen Freizeitwert, den Fischen im Fluß, und er zeigt auf einen Billardtisch in den Baumwollfeldern. „Uns fehlt es hier an nichts."

Abends besuchen wir eine *parilada*, ein offenes Restaurant mit Holzkohlegrill. Hier werden bei Steaks, Bier und Wein Landkäufe gefeiert. Eine „Los Paraguayos"-Truppe singt: „Mexiko, Mexikooo...", und ein deutscher Arzt aus Ulm fällt mir um den Hals: „Junge, da kann man frei atmen." Er kam von einem Trip zu den Iguaçu-Wasserfällen auf einen Sprung rüber. Am Nachmittag hat er ein Grundstück für 100 000 Mark gekauft und einen Euroscheck auf diese Summe ausgestellt.

Dieses Phänomen ist unter dem Begriff „Landrausch" wohlbekannt. Man kann tatsächlich fast an jeder Tankstelle Land erwerben, „soweit das Auge reicht". Nur ist meist schon der Zaun teurer als der Boden, 2,70 Mark pro Meter. Das Material ist nur aus Brasilien zu beschaffen, und damit fangen die Probleme an.

Am nächsten Tag fahre ich kurz nach Hernandarias, eine Barackensiedlung, trostlos, voller Staub und Schmutz. Früher wohnten hier 25 000 Arbeiter, beschäftigt beim Bau des größten

Das Wasserkraftwerk Itaipu

Staudamms der Welt, dem Wasserwerk Itaipu. Jetzt verrottet die Siedlung. Ein deutscher Elektroingenieur ist hängengeblieben und versucht die Baracken zu verkaufen – als Freizeitanlage. Er annonciert in der Süddeutschen Zeitung, in der Frankfurter Allgemeinen usw.: „Deutscher Ingenieur sucht Witwe zum Auswandern nach Paraguay..."

Senhor Heubler heißt er, und jetzt wartet er in der Bar *Copa Banana* auf seine Klienten. Wir kommen ins Gespräch. Punkt zwölf Uhr knallen draußen fünf Schüsse. Die Arztwitwe Gerda G. aus München hat ihren paraguayischen Liebhaber Ramon schwer verletzt. Ein Eifersuchtsdrama! Gerda wurde von einer Anzeige nach Paraguay gelockt, die sich als Betrug entpuppte. Doch sie verliebte sich in Ramon. Nach drei Monaten fand sie heraus, daß auch Ramon sie mit seinen Liebesschwüren belog. Er war bereits verheiratet. Aus Verzweiflung griff Gerda zum Revolver und stellte Ramon auf der Straße zur Rede. Gerade als ich mein zweites Bier bestellen wollte, fallen die Schüsse.

Und noch ein Barbesuch, der letzte vor meiner Abreise in Porto Stroessner. Ich treffe zufällig wieder einen Deutschen, einen Gebrauchtwagenhändler aus Berlin. Er will sich einen paraguayischen Führerschein beschaffen. Den deutschen hat er wegen Trunkenheit am Steuer verloren. Bis ihm ein örtlicher Anwalt das wichtige Dokument besorgt, gehen wir ins Spielkasino. Nach zwei Stunden bringt der Adjutant des Polizeipräsidenten von Porto Stroessner den neuen Führerschein. Er kostet 500 Dollar, und es muß gefeiert werden. Achtzehn Cuba libre stehen schließlich auf der Rechnung. Schon am Nachmittag völlig besoffen, stürzt der Berliner aus dem Kasino. An der ersten Kreuzung überfährt er das Stoppschild, und es kracht. Die Polizei ist zur Stelle, aber der Adjutant des Polizeichefs klärt es auf seine Weise: Der unschuldig in den Unfall verwickelte Autofahrer wird vermahnt. So ist es wohl in Porto Stroessner: Vorfahrt hat der, der betrunken aus dem Spielkasino kommt...

Natürlich ist der Polizeichef auch Mitbesitzer des Spielkasinos. Und laut örtlichen Gerüchten auch der Schmugglerboß. Das behaupten sogar Leute, die bei diesem Geschäft mitmischen. Die müssen es ja wissen.

Fogo a pago – das Feuer ist gelöscht

Die Maschine zieht beim Abflug eine große Schleife, damit man nochmals von oben die gewaltigen Wasserfälle von Foz do Iguaçu sehen kann – sozusagen ein Touristenservice der Transbrasil. Ich fliege jetzt mit meinen Airpaß (siehe Reisetips) nach Brasilia, um auch die Hauptstadt „abzuhaken". Sie feiert als jüngste und neueste Hauptstadt der Welt gerade ihr 25. Jubiläum. Mitten im Urwald wurde sie aus dem Nichts gestampft und, wie sich heute erweist, als gigantische Fehlplanung. Ursprünglich sollte sie ein reines Verwaltungszentrum werden, Sitz von Präsidentenamt, Parlament und Ministerien. Die Einwohnerzahl sollte bei einer halben Million „einfrieren", aber sie explodierte auf 1,2 Millionen Menschen, die in weit auseinandergerissenen Satellitensiedlungen, meist Urwaldslums, wohnen.

Für Brasilia reicht ein halber Tag zur Besichtigung. Die einzelnen Gebäudegruppen stehen weit voneinander entfernt, dazwischen erstrecken sich große Freiflächen, von Stadtautobahnen zerschnitten. Als Fußgänger ist man hier hoffnungslos verloren.

Am meisten beeindruckt mich das Monument von Juscelino Kubitschek. Dieser Präsident und Gründer von Brasilia mußte sich wohl wie ein Pharao gefühlt haben, daß er sich schon zu Lebzeiten eine Pyramide bauen ließ. Sie diente ihm als Residenz, und sie wurde auch zu seinem Grab. Seine Privatgemächer liegen in unterirdischen Gängen, die man als Museum besichtigen kann. Das Tageslicht sickert nur durch einen einzigen Betonschacht hinein, in dem ein kleiner Wasserfall tropft. Auf dem Grund dieses Schachtes ist ein kleiner künstlicher Garten mit ein paar Pflanzen angelegt, die sich zur Sonne hochzuschlängeln versuchen. Sonst beleuchten nur Lampen diesen Bunker.

Eine breite Treppe führt zum ersten Stock. In Dimensionen einer leeren Bahnhofshalle taucht man in gedämpftes Licht. Schwarzer Marmorboden, graue Steinwände, und mitten in einer Rundung das Grabmal des Präsidenten auf hohem schwarzem Marmorsockel, wie eine übergroße Backform für Streuselkuchen.

Die Besucherscharen pilgern andächtig schweigend vorbei. Sie wirken geisterhaft in den roten Strahlen, die aus einem Loch in der Decke einfallen. Es ist Sonnenschein, durch eine rote Mosaikverglasung gefiltert.

Im Geiste der alten Ägypter ist die ganze Retortenstadt gebaut. Auf dem Grundriß eines Adlers mit ausgestreckten Flügeln angelegt, laufen alle geometrischen Linien zu einem Dreieck, dem göttlichen Auge, zusammen. So hat es sich Juscelino Kubitschek erträumt, so haben es die zwei Architekten Lucio Costa und Oscar Niemeyer verwirklicht.

Mir gelingt es, und das freut mich ungemein, weil ich in diesem Alptraum Brasilia nicht übernachten möchte, noch den Abendflug nach Recife zu erwischen: Auf zum Venedig Brasiliens, wie diese Küstenmetropole hochtrabend heißt!

Zumindest aber stimmt es mit dem eigentlichen Namen: Recife bedeutet Riff. Nach einer vorgelagerten Kette von Korallenriffen haben die Portugiesen diese Stadt getauft. Sie besteht aus imposanten Brücken und Kanälen, über die ich jetzt mit einem Taxi rausche. Die Maschine aus Brasilia ist kurz vor sieben Uhr gelandet, gerade richtig zur Dämmerstunde.

Die Stadtsilhouette ist von Kirchen, Kuppeln und Kathedralen geprägt. Wie Rom von hinten. Ich habe dem Taxifahrer als Ziel Maria Farinha angegeben, ein Geheimtip, den ich von einem

Brasilienkenner bekam, mit der Bemerkung: „Wenn du dich in Brasilien wie in der Südsee fühlen willst, mußt du hin."

Wir verlassen die Industriezone von Recife, und es geht nahtlos in das verträumte holländische Kolonialstädtchen Olinda über. Ich sehe die prachtvollen Kirchen und Klöster zwischen der üppigen Palmenvegetation. Wir fahren an den Fischerrestaurants der Küste vorbei. Inzwischen ist es dunkel geworden, und die bunten Lichtergirlanden flackern lustig in den Baumkronen. Es sind die Biergärten von Olinda. Das Nachtleben geht an. Alle strömen zum Hügel hinaus, zu den Kneipen mit Rum-Atmosphäre, Jazz und Samba live.

Hinter Olinda verschluckt uns die Dunkelheit. Im Mondschein treiben bizarre Wolkengebilde über den Palmenkronen. Darunter sehe ich versteckte Häuschen, Kolonialfestungen mit Wehrtürmen tauchen auf und Kirchen. *Viva mercenario* – es leben die Söldner! – steht als Ausruf an einer Kirchenmauer. Ob man hier

Der Orangenkönig vom Marktplatz in Recife

einen Film mit Django drehte? Es wäre die perfekte Kulisse dafür gewesen. Der Taxifahrer weiß es nicht. Django ist ihm auch kein Begriff. Er war in seinem Leben noch nie im Kino, und einen Fernseher hat er auch nicht. Er fährt am Tag achtzehn Stunden Taxi. Meist schläft er auch in seinem Wagen.

Bei Kilometer 40 verschwindet der Asphalt. Die Räder holpern jetzt über Steine der staubigen Lehmstraße zum Urwalddorf Maria Farinha. Die bunten Häuschen, blau, pink und grün, machen einen freundlichen Eindruck. Die Hütten-Bar ist offen, die Fenster der Hütten sind besetzt: Die Dorfbewohner plaudern quer über die einzige Straße miteinander. Sonst sehe ich nur noch radelnde Kinder.

Im Urwald wiehern Pferde, und die Fähre über den Fluß ankert am anderen Ufer. Genau da wollte ich hin. Es läßt sich jedoch auch in der Dunkelheit erkennen, daß das Hotel, das ich als Geheimtip bekam, im Rohbau steckt. Wahrscheinlich schon seit Jahren. Was nun?

Da taucht er plötzlich auf. Der Franzose aus Colmar. Wir kommen ins Gespräch, über Reisen und Musik, Frauen und Brasilien. Schließlich lädt mich Roland zum Übernachten ein. Aus einer Nacht werden mehrere Tage, schließlich fast ein Monat. Ich lerne segeln und mache Fotos, draußen auf den Sandbänken im Meer, die erst bei Ebbe auftauchen.

Es flattern Touristengruppen herein, Atlantiküberquerer aus der Bretagne, LTU-Stewardessen, fröhliche Zecher aus dem Rheinland und sauertöpfische Rentner aus der Schweiz. Eine fürwahr bunte Mischung. Auf alle wirkt das Wunder von Maria Farinha.

Roland und sein Partner Artur haben sich ein kleines Paradies geschaffen. Mit einem Öko-Haus, wo die Meeresbrise die Klimaanlage ersetzt. Rundum wächst ein weicher Teppich aus lauter winzigen Kleeblättchen, auf dem das Barfußlaufen genauso angenehm ist wie auf einem teuren Perserteppich.

Der Kenner sieht's: Roland und Artur von Maria Farinha haben eine Super-Katamaranfahrt erwischt

Überhaupt gedeiht um die Villa Maria Farinha ein wundersamer botanischer Garten. Ein Stück Mini-Brasilien sozusagen, mit besonders schönen Beispielen an Fauna und Flora.

In diesem grünen Paradies leben auch einige lustige Mitbewohner. Der Can-Can ist einer davon. Sein schwarzer Hals mit den aufgebauschten schwarzen Federn, die in einem Dutt auf dem Kopf enden, läßt ihn so keß erscheinen wie eine Can-Can-Tänzerin. Seine Stimme klirrt wie Kristallgläser beim Zuprosten. Diesem Vogel werden sonderbare Heilkräfte nachgesagt. Eingesperrt in einen Raum mit einem Lungenkranken, nimmt der Can-Can die Krankheit an sich und stirbt, während der Mensch wieder gesund wird.

„Fogo a pago, fogo a pago", tönt es immer wieder aus dem nächsten Käfig. Ein elegantes Vogelpärchen, grau wie ein Flanellkostüm von Chanel, heißt deswegen Feuerlöscher, weil sein Pfeifen klingt wie *„fogo a pago"* – das Feuer ist gelöscht.

Der teuerste Vogel in der Sammlung ist ein Sabiar. Rund eine halbe Million Cruzeiros hat er gekostet, fast ein Mindestmonatsgehalt von 120 Mark. Weil er so schön sang, hat Roland, ohne zu zögern, den Preis bezahlt. Zu Hause allerdings verstummte der Gesangskünstler, und wenn überhaupt, tremoliert er kurze Soli, und das nur, wenn niemand zuhört.

Dafür läßt sich der Carnivo, ein gelber Vogel aus dem Amazonasgebiet, eitel bei seinen Kniebeugen bewundern. Die macht er den ganzen Tag.

Roland hat auch einen Tucano – Markenzeichen: großer gelber Schnabel – bestellt, aber der wurde noch nicht geliefert.

Von einem anderen Bewohner nimmt man keine Notiz. Er ist aber da, hoch in der Blätterkrone des Umba-Umba-Baumes. Ein Faultier haust dort. Diese Affenart verschläft den ganzen Tag und wird erst nachts aktiv. Es ist wirklich ein fauler Sack, der nur Blätter frißt und seinen Popo ins Wasser hält. Damit saugt er Flüssigkeit auf und braucht nicht einmal zu trinken.

Mit der Dämmerstunde schleicht sich ein Hauch von Abenteuer ein. Man beobachtet die Bewegungen draußen im Meer. Heimkehrende Jachten, zum nächtlichen Fang auslaufende Fischerboote, die *janguadas*. Nach Einbruch der Dunkelheit wird das Abendessen serviert, der Franzose Roland spielt dabei den Küchenchef. Brasilianische Kost, mit Elsässer Geschmack verfeinert. Kaninchen in Rotweinsoße darf nicht fehlen, zartes Lamm im Römertopf, Avocadosalat, Hummer und Langusten, Krebse und Shrimps-Curry, und dazu selbstverständlich die Weine, die Jahr für Jahr bessere Qualität in Brasilien erreichen.

Beim deftigen *frango cordon bleu,* das ist Hähnchen mit Schinken und Käse überbacken, meldet Roland plötzlich: „Draußen ist ein Schiff." Man sieht nur zwei Positionslichter flackern, doch Roland merkt als erfahrener Segler gleich, daß das ein Fremder sein muß, der den Weg zur Küste sucht und in Not steckt.

Am Strand setzen Roland und Artur sogleich ein Lichtsignal

Fischer an der Nordküste

und fahren mit dem Motorboot hinaus. Denn zwischen den zahlreichen Sandbänken in der See lauert die Gefahr aufzulaufen.

Gar nicht so selten landen Atlantik-Überquerer hier. Wind und Strömung treiben sie ziemlich genau auf Maria Farinha zu. Das schmälert die Leistung etwas, wie ich von alten Seebären hörte. Schon Kolumbus und seine Mannen brauchten 1492 nur die Segel zu setzen, und den Rest besorgte der südliche Passat. Während es Kolumbus in die Karibik hinausspülte, bekam acht Jahre später die portugiesische Flotte unter dem Kommando von Pedro Alvares Cabral weniger Puste im Rücken. Der Kurs verkürzte sich und zielte schnurstracks auf Bahia zu – endeckt im Jahre 1500.

Fast ein halbes Jahrtausend danach geht in Le Havre ein junger Franzose an Bord eines Zweimasters, um das Atlantik-Abenteuer zu erproben. Er hat mehr Wind als Kolumbus und weniger als Cabral, nach einer sechswöchigen Passage kreuzt er vor Maria Farinha auf.

Roland dreht nachts mit dem Motorboot bei: „Brauchen Sie Hilfe?"

„Ja", schallt die Antwort aus dem Dunkeln. „Ich habe keine genaue Küstenkarte. Wo kann ich hier ankern?" Roland gibt Anweisungen fürs Anlegemanöver.

Am nächsten Morgen sitzt der Neuankömmling am Frühstückstisch, als gehöre er schon immer hierher. Er heißt Philippe und hat vor, eine Zeitlang hierzubleiben. Roland hat gleich Arbeit für ihn. Die drei Katamarane müssen gewartet werden, und dann kann er noch mit den Touristen hinaussegeln. Eigentlich genau das, was man sich unter einem Aussteiger-Job vorstellt. Nach drei Monaten wird Philippe nach Salvador weitersegeln, aber dort wird es für ihn härter sein, eine Arbeit zu finden. Ungeheuer viele Weltenbummler versuchen nämlich dort, ihre Boote zu verchartern. Den meisten ist das Geld restlos ausgegangen, und wider Erwarten finden sich kaum zahlungswillige Passagiere für eine Robinsonfahrt.

Im Hafen von Salvador hängen die halbgestrandeten Segler also herum. Die meisten sind nach einem abendlichen Umtrunk in der Hafenbar bereit, ihr Boot zu verkaufen. Und man pokert nicht lang: Etwas mehr, als die Rückfahrt in die Heimat kostet, ist schon ein guter Preis. Nur knochenharte Burschen drehen um und kämpfen sich durch den brutalsten Kurs ihres Lebens: Südamerika – Europa. Drei Monate und noch länger dauert diese Hölle gegen Wind und Wetter. Philippe hat es übrigens geschafft und darüber in einer Lokalzeitung seines Heimatortes berichtet.

Es sind also keine gewöhnlichen Touristen, die in Maria Farinha landen, und sie kommen aus allen Teilen der Welt. Deshalb wird auch in vielen Sprachen über das Mysterium von Maria Farinha diskutiert.

Ungefähr fünf Kilometer vor der Küste wartet es auf Entdeckkung, und die Einheimischen erzählen von einem Naturwunder. Es geht um eine dreihundert Meter breite, etwa fünf Kilometer

Millimeterarbeit! Auf einem Floß wird der Buggy über den Fluß gesetzt

lange, aber nur zwei Meter hohe Felswand. Das Tauchen dort muß wahrhaft außergewöhnlich sein. Auch die Wassertemperatur ist ungewöhnlich: Direkt vor Maria Farinha liegt die wärmste, wenn nicht heißeste Badewanne des Atlantiks.

Und was Menschen wohltut, schätzen andere Säugetiere auch. Hierher zieht es die Wale mit ihrem stärksten Instinkt, dem Liebestrieb. Einmal im Jahr wird auch Orca, der Killerwal, zärtlich. Nur die menschlichen Expeditionen zu diesem Liebesplatz scheiterten bisher. Vielleicht liegt ein Fluch darauf. Mal geht der Sprit im Motorboot aus, mal verhindert eine andere Panne das Unternehmen, das noch ein anderes Problem hat: Man vergaß dieses Felsplateau in Seekarten zu verzeichnen, aber alle schwören auf das Taucherparadies, das fieberhaft gesucht wird.

Die Kunde davon breitet sich unter den Tiefseefreaks aus, die ähnlich wie die Bergsteiger nach jungfräulichen Fleckchen schnüffeln. Eine Erstbesteigung ist bei den Tauchern mit der Entdeckung von nicht verzeichnetem Grund vergleichbar.

Wo es keine Brücken gibt, muß man den Fluß auf schmalen Surfbrett-Booten überqueren

Bis jetzt hat jedoch noch niemand die Felswand gefunden. Die Geschichte bleibt aufregend und das Geheimnis von den Eros-Klippen der Killerwale weiterhin im seichten Wasser verborgen.

Roland, Artur und die ganze Gemeinde von Maria Farinha schwören darauf, daß es den Felsen im Meer gibt. Ich übrigens auch.

Salvador, die ehemalige Hauptstadt

Der Parkettboden glänzt, kein Körnchen Staub – und das inmitten der Favelas. Der Raum ist fast schon ein kleiner Saal. Die weißen Wände sind mit Stanniolfetzen geschmückt, unter der Decke hängt an gekreuzten Pappgirlanden ein Sonnensymbol. Hinter den weit geöffneten Türen erstreckt sich eine große Terrasse. Von hier aus kann ich ganz Salvador überblicken. An einer Kette von Hügeln ziehen sich bunte Favelas wie ein wunderschönes Mosaik entlang. Fast die Hälfte der Einwohner von Salvador wohnt in solchen Barackensiedlungen, die allerdings nur aus der Ferne so lustig aussehen. Und dann ragen noch allerorts barocke Türme zum Himmel, denn Salvador ist die Stadt der Kirchen. 375 Gotteshäuser beweisen, daß hier ein frommes Volk lebt. Und sie haben nicht nur einen christlichen Gott, sondern eine ganze Galerie von heidnischen Göttern. Salvador, im Land Bahia, ist die Hauptstadt des Aberglaubens – des *macumba* mit fast eintausend religiösen Sektenzentren. Ich befinde mich in einem solchen Haus.

Ich schaue in die Ferne, zu einer der unzähligen glänzenden Buchten, und höre, wie mir Everaldina erklärt: „Dort wohnt Yemanjá."

„Wer ist Yemanjá?" frage ich.

„Es ist die Göttin des Meeres und Schutzpatronin der Seefahrer. Wenn es nachts in den alten Straßen von Salvador heult, bedeutet es, daß Yemanjá an Land gegangen ist, um die Witwe oder die Geliebte eines ertrunkenen Seemanns zu trösten. Und wenn es mehrere Stimmen zu hören gibt, dann heißt es, daß die Frauen Yemanjá anflehen, ihre verschollenen Männer aus den Tiefen des Meeres wieder nach Hause zu schicken."

Everaldina spricht leise. Wir weilen ja auch an einem den Göttern geweihten Ort. Ich lernte Everaldina gestern abend in einer Disco mit erotischen Shows kennen. Sie kam ziemlich zielstrebig auf mich zu und schwärmte gleich von Alemanha, nachdem sie gehört hatte, woher ich komme. Früher war sie mal Schreibkraft bei einem Rechtsanwalt, aber von dort aus „würde ich nie nach Alemanha kommen", meinte sie. Einen Wunschtraum hat sie auch: Fotomodell will sie werden. Also sucht sie jetzt ihren Märchenprinzen, der ihr diesen Wunsch erfüllt. Und sie hat etwas Wunderschönes zu bieten: ihren Körper, samtig und weich, eine milchkaffeebraune Haut wie Seide, und wenn sich Everaldina anschmiegt, duftet sie nach Zimt und Nelken.

Everaldina ist auch bereit, mir zu helfen, als sie von meinem

Endlos sind die Strände in Bahia. Es gibt sogar noch wilde Pferde

Wunsch erfährt, unbedingt einem *macumba*-Ritual beizuwohnen. Aber einem echten. Als Baiana, wie man die Bewohnerinnen von Bahia nennt, weiß sie sofort Bescheid. „Ich bringe dich zu José. Er ist ein *pai de santo*", also ein heiliger Vater, in diesem Sinne ein Oberpriester des *candomblé*, die reinste heidnische Religionsform afrikanischen Ursprungs.

Es ist nicht schwierig, den Weg zu ihm zu finden. Erst fahren wir mit meinem Leihwagen auf der Estrado Flamengo die langen Strände von Salvador entlang, und ab einem bestimmten Platz fragen wir uns durch. Die Leute werden alle freundlich, sobald sie den Namen *pai de santo* José hören. Das wirkt wie ein Zauberwort.

José wohnte ganz oben auf einem Favelaberg. Der Weg dorthin wird immer steiler, die Querrinnen immer tiefer und verschmutzter. Zwischen den Baracken flattern Hühner, grunzen Schweine. Um die Moskitos zu vertreiben, zündet man Gummireifen an. Es raucht schwarz von den Müllkippen, und ein bestialischer Gestank breitet sich aus.

Vor einigen Hütten stehen aber nagelneue Autos, was auf die unterschiedliche Sozialstruktur der Bewohner hinweist. Ganz oben angelangt, müssen wir nicht weiter nach José fragen. Seine Residenz steht mitten in einem Garten, durch hohe Zäune vor fremden Blicken geschützt. Ein schwarzer Diener läßt uns herein – wir hatten uns telefonisch angemeldet. Jetzt warten wir auf José fast wie im Vorhof zum Himmel.

Plötzlich ist der Vertreter Gottes da. Mitte Dreißig, mit leicht hellbrauner Hautfarbe, schleicht er sich auf den leisen Sohlen seiner neuen Tennisschuhe heran. Ganz in Weiß ist er gekleidet, er trägt eine schwere goldene Rolex-Uhr und ein Diamantenarmband ums Handgelenk, an seinem Hals baumeln verschiedenartige Anhänger an goldenen Kettchen. Einen *macumba*-Priester von höchsten Weihen habe ich mir anders vorgestellt. Das Hemd tief aufgeknöpft, kommt mir José eher vor wie ein lässiger Judolehrer.

Er begrüßt uns freundlich und scheint von meiner Reportage-Absicht ziemlich angetan zu sein. Dann klärt er mich über seinen Tempel auf, sachlich und ohne viel Brimborium.

Das religiöse *candomblé*-Jahr beginnt in der zweiten Septemberwoche. Jeweils ein Sonntag ist dem Ritual der einzelnen Götter geweiht: Oxalá, Ogún, Xangó, Yansan, Oxóssi, Omolú, Oxumaré, Yemanjá.

Bei dem letzten Namen konnte ich schon mitreden. Die Göttin des Meeres Yemanjá hat anscheinend eine sehr weitverzweigte Verwandtschaft. Doch eine Anlehnung an die christliche Religion erleichtert die Zuordnung: Als Gott Vater dient Oxalá, Schöpfer der Menschheit und der übrigen Götter. Oxalá taucht unter seinem weiteren Namen auch als Schutzpatron von Bahia auf: Senhor do Bonfim.

Pai José zeigt mir dabei eine seiner Halsketten, eine zweigeschlechtliche Figur mit Frauenbrüsten und riesigem Phallus. Auch für Oxalás Söhne trägt José jeweils die entsprechende Halskette: Oxóssi, Gott der Jagd, Ogún, Gott des Krieges, und Omolú, Gott der Pest und Pocken alias heiliger Benedikt.

Für die Göttinnen hängen die Symbole groß an der Wand: ein Regenbogen für Oxumaré, und die Sonne zeichnet für Yemanjá, die unberechenbare Jungfrau des Meeres. Noch scheint es einem Puppentheater ähnlich zu sein, dieser Kult um Götter, Geister und guten Willen, aber wann wird es ernst? Wann werden die Rituale veranstaltet?

„Kommen Sie morgen, am Freitag, das ist der Tag des Oxalá", antwortet José, indem er uns aus seinem Tempelhaus hinausbegleitet. In seinem verwinkelten Garten stehen Steinfiguren, ein Brunnen mit Wasserfontänen ist mit blauen Majolikakacheln ausgelegt. Grasüberwachsene Treppen führen zu einer kleinen Grotte. Dort steht, im Schatten versteckt, eine Madonnenstatue.

„Yemanjá", glaube ich sie zu erkennen. José nickt. Ich habe meine erste Lektion gelernt. Also bis morgen. José winkt mir zu, sein Diener verschließt hinter uns die Gartentür und läßt drei Doggen, schwarz wie die Teufel, von der Kette los. Anscheinend muß es doch Leute in der Gegend geben, die weder Gott Oxalá, noch seinen Sohn Ogún, sondern nur die blutrünstigen Doggen fürchten.

Inzwischen ist die Dunkelheit hereingebrochen. In den Favelas tobt jetzt das Leben wie in einem aufgewühlten Ameisenhaufen. Die Fernseher lärmen mit voller Lautstärke, und es kracht um die Wette in den ausgestrahlten Comic-Strips, zwischen den Baracken spielen zerlumpte Jungs schreiend Fußball.

Wilde Gestalten belagern die Straße, doch Angst verspüre ich nicht, weil gerade Everaldina mit ihren scharfen Fingernägeln an meinen Schenkeln hochkrabbelt. Und dann merke ich den Leuten an, daß uns etwas wie ein heiliger Schein zu beschützen scheint. Wir kommen von *pai de santo*, von José, und die Leute hier wissen, daß er nur in ganz wichtigen Fällen Besuch empfängt und daß er nur in Sachen *macumba* zu sprechen ist. Außerdem ist morgen Freitag, der Tag des Oxalá. In einigen Hütten wird bereits an den Opfergaben gebastelt. Unten am Kirchplatz steht unser Wagen. Ein Junge zieht an meinem Hosenbein. *„Tudo bem*, ich habe auf Ihr Auto aufgepaßt." Ich drücke ihm ein paar Cruzeiros in die Hand.

Die Stadt Salvador zieht sich endlos in die Breite. Vom Flughafen zum Zentrum sind es leicht vierzig Kilometer, von der Altstadt zu den verträumten Palmenstränden gut dreißig Kilometer. Auch innerhalb der Stadt fahren sich zahlreiche Kilometer schnell zusammen. Es geht stets Hügel rauf, Hügel runter, und die Straßen sind verstopft. Überall hallt das Echo irgendeiner Musikkapelle oder eines krächzenden Plattenspielers. Was Phonzahlen betrifft, ist Salvador die lauteste Stadt Brasiliens.

Ich lasse das Auto am Hafen São Marcelo Forte stehen und schlendere mit Everaldina zwischen den Obstständen herum. Die Fischer haben inzwischen ihre Verkaufsplätze geräumt, und die Abfalltonnen quellen über von stinkenden Meeresabfällen. Die Müllabfuhr kommt erst nachts vorbei.

Engumschlungen überquere ich mit Everaldina die Straße vom Hafen zum Mercado modelo, ein Souvenirgeschäft mit viel Kitsch, Sambapfeifen aus Holz und gehäkelten Hängematten, die man günstig für zwanzig Mark erstehen kann. Aus den Regalen grinsen mich holzgeschnitzte Figuren an, Opferfiguren für eine *macumba*. In jeder Größe und Ausführung sehe ich die *figa*, eine Hand mit eingeklemmtem Daumen, ein Glückstalisman, der Fruchtbarkeit bringen und gegen den bösen Blick schützen soll – auch wenn man daran nicht glaubt.

Zur besonderen Attraktion von Salvador zählt der *elevadore lacerda*, der die Unterstadt am Hafen mit dem obenliegenden Zentrum verbindet. Täglich wuchtet dieser altersschwache Aufzug Tausende von Passanten in einem freistehenden Turm siebzig Meter in die Höhe. Ein verglaster Korridor führt von dort zum Hauptplatz. Wieder eröffnet sich uns ein wunderbarer Blick über

Salvador. Ein Aufzug verbindet den Hafen mit der Oberstadt

den Hafen, und dann gehen wir zur Altstadt.

An den lebhaften Plätzen sitzen die dicken Baianas an ihren Straßenküchen vor einem Gaskocher mit einer Riesenpfanne, und im Fett brutzeln Bananen und Fischbällchen. Der Duft ist allerdings besser als der Geschmack. Einmal habe ich's probiert, jetzt lasse ich mich nicht mehr verleiten. Außerdem gelüstet es mich nach einer *moqueca*, das sind in der Pfanne gebratene Fische oder Scampis mit pikanter Soße, die baianische Spezialität schlechthin, für die Everaldina ein gutes Lokal im Stadtteil Pelourinho kennt.

Wir marschieren dorthin und reden über *macumba*. Everaldina glaubt daran. Schon allein das Wort *quimbanda* jagt ihr eine Gänsehaut über den Rücken. Das ist ein Kult der bösen Geister, von dem Satansbraten von einem Gott Exú angeführt. Ein blutrünstiger Voodoo-Dämon ist er, bei dessen Kult reichlich Schnaps fließt. Der Alkoholgenuß führt zu Exzessen, gelegentlich sogar mit tödlichem Ausgang.

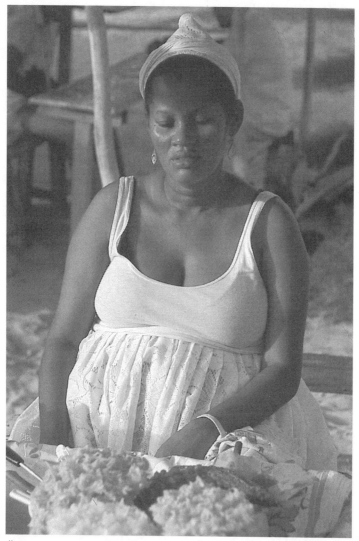

Üppige Formen und deftige Kost haben die Straßenverkäuferinnen zu bieten

Ein Platz in der Altstadt Pelourinho in Salvador

Übrigens muß der Heiligenschein von *pai* José uns immer noch beschützen, als wir die dunklen Straßen nach Pelourinho emporsteigen. Um zum eigentlich sehenswürdigen Teil der Stadt zu kommen, muß man erst dieses halbverfallene Viertel durchqueren. Gut, daß wir nicht am Kopfsteinpflaster klebenbleiben, so verdreckt ist es hier. In den schmutzigen Spelunken hängen finstere Typen herum, sie wanken durch die spärlich beleuchteten Eingänge und urinieren an die Hauswände.

Zweimal rettete uns ein Sprung zur Seite im letzten Augenblick: Jemand kippte aus dem oberen Fenster einen Kübel voll Abwasser auf die Straße, dann spuckt ein Mann beim Zähneputzen vom Balkon herunter. Die Touristen überqueren diesen Stadtteil in Bussen oder im Taxi. Ich wollte es mir etwas genauer ansehen, doch jetzt wird es zunehmend unheimlich.

Auch Everaldina denkt das gleiche, und wir sind beide erleichtert, als wir den Hauptplatz von Pelourinho erreichen. Malerisch wirkt er, wie eine Theaterkulisse, die Häuserfronten sind frisch in Rot, Blau und Gelb gestrichen. Sie stammen alle noch aus der Kolonialzeit. Damals diente Pelourinho als Handelszentrum von Salvador, das zwischen 1549 bis 1763 auch Hauptstadt Brasiliens war. Um diesen alten Platz zu retten, startete sogar die UNESCO eine Hilfsaktion und schickte Geld für die Restaurierung.

Das abschüssige Pflaster wird unten von einer monumentalen Kirche begrenzt, die wie ein Osterei bepinselt ist. Sie paßt wunderbar zur Stimmung des Platzes. Der gelbe Mond geht am Sternenhimmel auf. Ein sattes, dunkles Blau steht über den Dächern, ein tiefleuchtendes Blau, das es nur in Bahia gibt. Es berührt mich tief. Die Nacht der Mysterien kann beginnen.

Dona Flora, die Voodoo-Priesterin

Wir setzen uns auf einen schmalen Balkon im ersten Stock der *O Bar Banzo*. Dieses Restaurant ist zugleich ein Künstlertreff. Surrealistische Malereien schmücken die Wände. Eine abgesägte Tür ist an die Wand angeschraubt. Sie führt nirgendwohin – oder eben ins Reich der Phantasie.

Eine *caipirinha* schon geschlürft, wird gleich das Fischgericht *moqueca de peixe* serviert. Es duftet verführerisch aus der Küche, die winzig wie eine Kombüse ist. Der schwarze Koch zerkleinert die Tomaten und schneidet grüne Paprika dazu, streut rotes Paprika-Pulver darüber, legt ins heiße Öl noch ein Stück Butter und die filetierten Fischstücke. Fertig.

Während wir es uns schmecken lassen, gesellt sich ein Franzose zu uns. Ein Kollege, der seinerzeit nach einer Reportage in Bahia hängenblieb. *Macumba* – darüber wollte er sogar ein Buch schreiben. „Aber dieses Bahia", gibt er unumwunden zu, „dieses Bahia hat mir die Füße völlig weggerissen."

Dann macht mir der Franzose ein Angebot: Er verkauft mir eine Geschichte über *macumba*. Ich sehe schon. Bevor wir die Details besprechen, muß ich ihm wohl einige Drinks spendieren. Die *caipirinha* löst seine Zunge.

„Also", rückt er näher. „Ich kenne Dona Flora gut. Das ist eine Voodoo-Priesterin. Sie dient der Pombagira."

Bei der nächsten *caipirinha* erfahre ich, daß diese Pombagira eine schreckliche Göttin sein muß. Noch viel schlimmer als Exú. Sie bringt Krankheit, Verderben und Tod. Schon allein ihr Gesicht! Eine grinsende Fratze. Und sie geht nur nachts um, mit einem Dreizack.

„Und Sie haben diese Pombagira schon gesehen?" versuche ich

mit dem Franzosen zu scherzen. Aber er meint es ernst.

„Freilich habe ich sie gesehen, und Sie können sie auch sehen, wenn Sie wollen. Die Isidora Flora ist die Verkörperung der Pombagira. Ein Satan."

„Und wo kann ich sie sehen?" frage ich skeptisch.

„Auf dem Friedhof", erwidert der Franzose.

„Wann?"

„Heute nacht. Auf dem Friedhof von São Joao."

Das unheimliche Blau des Himmels berauscht. Die *caipirinha* auch. Der Franzose ist ziemlich stark blau, ich und Everaldina etwas bläulich, aber zu *macumba* gehört nun mal ein Schwips. Also noch eine Runde, zum Mutmachen.

Als ich zahle, werfe ich flüchtig einen Blick hinunter auf den Platz: Ich sehe eine Frau, die über das dunkle Pflaster huscht. Blond. Lange blonde Haare hat sie, die auch in der Dunkelheit strahlen. Ich starre ihr wie versteinert nach, und ein einziger Gedanke beherrscht mich: Birgitta. Aber das ist ja völlig absurd. Ich habe sie an Silvester in Rio gesehen, und jetzt ist Ende Mai in Salvador. Nein, wahrscheinlich würde ich alle Blondinen in Brasilien für Birgitta halten, verdränge ich meine Gedanken an sie.

Mit meinem Wagen rauschen wir durch die bahianische Nacht. Das Tor zum Friedhof ist eine Handbreit offen. Kein Licht. Nur der nächtliche Sternenhimmel leuchtet geheimnisvoll. Die schwarzen Grabkreuze zeichnen sich wie Scherenschnitte dagegen ab.

Da löst sich aus dem finsteren Gebüsch plötzlich ein Schatten. Everaldina hat vor lauter Schreck ihre messerscharfen Fingernägel in meinen Arm gekrallt. Auch ich bin leicht erschrocken, aber der Franzose weiß Bescheid. Das ist nur der Totengräber. Er will nur ein paar Cruzeiros, weil er uns reingelassen hat, und es ist ein gutes Zeichen, daß er da ist. Es bedeutet, auf dem Friedhof läuft heute nacht *macumba*.

Der Totengräber zeigt uns flüsternd den Weg. Ich stecke ihm 2000 Cruzeiros zu, vierzig Pfennig. *„Obrigado, moito obrigado"* – sehr verpflichtet, bedankt er sich überschwenglich.

Wir passieren die Kapelle und gehen nach hinten zur Mauer. Im Flackerlicht kleiner Feuerstellen drängt sich eine Menschengruppe. Vielleicht dreißig bis vierzig Leute. Am offenen Grab steht eine grell geschminkte Hexe, die heulende Schreie ausstößt: „Exú, Exúú, Exúúúúúú", hallt es hämisch durch die Nacht.

„Das ist Isidora Flora", flüstert mir der Franzose zu. Die *macumba*-Priesterin leert eine Flasche Schnaps in einem Zug und spuckt einen Mundvoll ins Feuer. Eine blaue Stichflamme erleuchtet ihr Gesicht – eine echte Furie mit tausend Runzeln und stechenden Augen.

Von den Leuten erkenne ich nur die blitzenden Zähne und das Augenweiß. Eine Schnapsflasche macht die Runde. „Exú, Exúúú", murmelt die finstere Gemeinschaft. Neben dem offenen Grab ist ein Opfertisch aufgestellt. Einige weitere Flaschen Schnaps, kleine Voodoo-Puppen, ein großes Messer, Blumen und ein Foto liegen darauf. Und dann steckt noch im Eimer ein schwarzer Hahn. Er ist an den Füßen gefesselt und gibt kein Lebenszeichen von sich.

Die Vollstreckerin der grimmigen Pombagira tobt wie vom Teufel besessen. Was geschieht nun?

Erst wird die nächste Flasche Schnaps entkorkt, dann – halb in Trance, halb im Vollrausch – packt die Satanspriesterin den Hahn. Beschwörerisch fuchtelt sie mit ihm im Mondschein herum und heult: „Exúú, Exxúú..."

Dem Hahn werden die Füße losgebunden, er scheint aufzuleben, aber nur kurz, denn mit einem kräftigen Ruck reißt ihm Idisora Flora den Kopf ab. Jetzt greift sie zum Messer. Mit blutbeschmierten Händen schneidet sie dem Hahn das Herz aus der Brust, rupft einige schwarze Federn aus, wirft alles in den

Eimer und gießt irgendeine ölige Flüssigkeit darüber. Dann folgen die zerfledderten Blumen. Schließlich wird das Foto angezündet.

Everaldina klammert sich zitternd an mich. Anscheinend wirkt dieses Teufelswerk stark auf sie, während mir das Ritual ziemlich lächerlich vorkommt. Was angst macht, sind nur die Leute, die sich diesem Kult hingeben. Sie scheinen inzwischen die Kontrolle über sich verloren zu haben.

Wir vergrößern deshalb den Abstand, stellen uns auf die Stufen eines Familiengrabes. Die Beschwörungen wiederholen sich. Eigentlich lohnt es sich gar nicht mehr, dem Ritual beizuwohnen, aber ich bleibe doch, um den Sinn des Ganzen herauszufinden. Vielleicht gelingt es mir.

Da durchschneidet ein gellender Schrei die Nacht. Isidora Flora hat den Inhalt des Eimers ins offene Grab geschüttet. Der blutige Guß besprizt einige der umstehenden Zuschauer. Sie springen wie vom Skorpion gestochen auf die Seite, und im gleichen Augenblick schnellt aus dem Grab eine weißvermummte Gestalt empor, wie der bekannte Teufel aus der Schachtel – aber der Schockeffekt wirkt! Kopflos rennen einige *macumba*-Teilnehmer vom Friedhof. Isidora Flora streckt ihre Hände nach der nächsten Schnapsflasche aus, aber jemand stößt den Tisch um. Eine dunkle Gestalt versucht, die brennenden Kerzen auszutreten. Die weiße Figur, offenbar einer der Ritualhelfer, wickelt sich aus dem Tuch und zündet jetzt den Papierfetzen an. Ein gottloses Chaos. Es ist doch besser, daß wir jetzt gehen. Noch hat uns diese wildgewordene Meute nicht zur Kenntnis genommen, also schleichen wir uns schnell davon.

Wieder draußen vor dem Friedhof ist die Straße wie ausgestorben. Wir steigen ins Auto. Das Radio bringt die gute Stimmung zurück. Gilberto Gill singt sein Samba-Reggae: „O Jajjajajja", und ich bekomme plötzlich einen Lachkrampf. Das steckt auch den Franzosen an.

„So ein Mist, diese *macumba*", pflichtet er mir bei.

Nur Everaldina versteht nicht, was daran denn so lustig sein soll. Es war eine böse Nacht mit Geistern der Finsternis. Die *macumbiera* hat die Rache beschworen, ihr Fluch wird sicherlich jemanden heimsuchen. Ich will Everaldina trösten, aber sie schmollt.

Am nächsten Morgen fahren wir zum Strand. Die Baia de Todos as Santos, eine große Meeresbucht mit etwa fünfzig Inseln, liegt vor uns. Sie greift tief ins Landesinnere hinein. Die Uhr scheint hier noch in der alten Kolonialzeit stehengeblieben zu sein. Zauberhafte Dörfer und kleine Häfen begrenzten die Bucht – ein Winkel ist malerischer als der andere. Und irgendwo am Horizont zeichnen sich im Dunst die Hochhäuser von Salvador ab.

Gut hundert Kilometer sind es bis Santo Amaro und dem dahinterliegenden entzückenden Städtchen Cachoeira. Längst ist die bedrückende Erinnerung an die schwarze *macumba* von gestern nacht verflogen. Eigentlich habe ich auch nicht mehr viel Lust, heute zu diesem komischen Pater José zu gehen. In Amazo-

Die Insel Itaparica in Bahia

nas scheint diese *macumba* von der Urwaldromantik zu leben, hier in der Großstadt kommt sie mir wie ein Budenzauber auf dem Jahrmarkt vor.

Aber noch halte ich nicht an meinem Urteil fest. Mal sehen, was José heute abend aufführt. Im Augenblick genieße ich das Bad im Meer und später den gegrillten Fisch von einer Strandbude, aus der Hand gegessen. Ich kaufe mir noch einen zweiten und dritten. Die farbigen Jungs lachen, daß es mir so gut schmeckt. Und jetzt erst fällt es mir auf: Niemand bettelt. Man versucht lieber, ein kleines Geschäft zu machen, kleine Souvenirs zu verkaufen, die berühmten bunten Glücksbändchen, die man sich ums Handgelenk binden und so lange tragen soll, bis sich das dünne Leinenband von selbst auflöst. Nur nicht abnehmen, denn das bringt Unglück!

Vor einer Kirche bleiben wir stehen. Feierlich gekleidete Leute gehen zum Gottesdienst am Freitag, dem Tag des Oxalá. Da zieht auch die katholische Kirche mit. Der Pfarrer steigt gerade aus einem VW-Käfer und mit ihm noch fünf weitere Priester, zwei Ministranten und – wie viele Leute passen überhaupt noch rein? – zwei Nonnen. Alle in Weiß. Bevor es zur Kirche geht, gibt es noch einen Ratsch auf der Treppe. *Tudo bem.* Alles gut. Dann auf zum Beten! So ganz genau nimmt man es auch mit der Predigt nicht.

„Liebe Freunde", spricht der Pfarrer von der Kanzel zu seiner Gemeinde, „trinkt am Wochenende nicht zuviel Schnaps. Letztes Mal gab es einen schlimmen Verkehrsunfall mit zwei Toten. Bei weniger Schnaps wäre das nicht passiert. Laßt uns dafür beten."

Der Pfarrer schlägt sein Choralbuch auf. Drei Instrumente begleiten den Gesang, aber keine Orgel. Dafür aber eine *barimbau*, eine Kalebasse am Stiel, an dem sich eine Saite wie ein Bogen spannt. Es klingt verdammt nach Samba. Der Rhythmus, auf einer kleinen Trommel geklopft, geht ins Bein.

Neben der Sakristei ist ein Raum offen. Ich schaue hinein und erschauere: Die Decke ist vollbehangen mit Prothesen, Armen und Beinen aus Plastik, auch die Wände sind voll mit zerlegten Puppenteilen, Röntgenbildern und Krankheitsberichten – alles Opfergaben an Nossa Senhora Bonfim, der Schutzpatronin von Bahia, zum Dank für vollbrachte Wunderheilungen. Wie ein kleines Lourdes sieht es in dieser Pilgerkirche aus. Der Kult um die Heilige Jungfrau Maria mit *macumba*-Sitten vermischt.

Am Abend sind wir dann bei José. Schon draußen vor seinem Haus herrscht Andrang. Wir sind angemeldet, ein Diener lotst uns hinein. Ich verdrücke mich mit Everaldina in die Ecke. Der Raum ist bis zum letzten Platz besetzt, nur in der Mitte ist ein Stück Fußboden frei, für den Auftritt des Meisters reserviert.

Noch unterhalten sich die Leute miteinander. Ich schätze ihre Zahl auf gut zweihundert. Alle sind weiß gekleidet, die Schuhe haben sie draußen abgelegt. Als der *candomblé*-Priester José mit Gefolge erscheint, verstummen sie. Er beginnt das Ritual mit beschwörerischen Formeln.

Diesmal gibt es keinen Alkohol. Rauchstäbchen verbreiten süßlich duftenden Qualm. José versinkt in Konzentration. Die musikalische Untermalung dazu wiederholt sich in monotonem Rhythmus von *barimbau* und noch zwei kleinen Schlaginstrumenten. Ich kann kaum einen Unterschied zur katholischen Musikliturgie feststellen. Nur das Zeremoniell ist anders. Es dauert bereits drei Stunden.

Heute werden drei junge Männer auf andere Namen umgetauft, damit sie ein neues Leben beginnen können, dem Oxalá geweiht. Die drei Novizen warten, in Zellen eingesperrt, im hinteren Hausteil. Jetzt werden sie, von Helfern in weiße Laken gewickelt, hereingebracht und auf den Boden gelegt.

José versucht, die Teilnehmer der *candomblé*-Messe in Trance zu versetzen, was ihm durch monotone Gebete größtenteils auch gelingt. Nun richtet José die Frage an Oxalá, ob er die drei Novizen annimmt. Diese liegen regungslos auf dem Boden. José gibt in Oxalás Namen auch die Antwort, daß die Taufe erfolgen kann.

Die Helfer haben inzwischen draußen am Brunnen des Oxalá einen Perlhahn geschlachtet und sein Blut in einer Schale aufgefangen. Nun reichen sie es dem Meister José. Der taucht seinen Finger in das Blut und malt auf die weißen Laken und Stirnen der drei jungen Männer geheimnisvolle Zeichen. Jetzt dürfen sie aus ihrer Trance erwachen und tanzen. José träufelt die letzten Blutstropfen auf ihre Köpfe.

Eine ältere Frau ist in Ohnmacht gefallen. Man trägt sie hinaus in den Garten und umfächelt sie mit einem Tuch. Einige Frauen werden von hysterischen Weinkrämpfen geschüttelt. Die Musik hört auf. Nun bringt José mit seinen Helfern die Leute aus der Hypnose zum Erwachen. Mal reicht ein kleiner Klaps auf die Backe, mal hilft ein nasses Handtuch. Die drei jungen Männer werden von ihren Familien in die Arme genommen, gestützt, gestreichelt und weggeführt. Am Gartentor stehen zwei von Josés Helfern und nehmen Geldspenden entgegen. Mitunter sind auch größere Beträge dabei. Flugblätter mit dem genauen Programm der weiteren *candomblé*-Nächte werden verteilt. Ich lese das Blatt, und allmählich werden mir diese Götter doch sympathisch. Der Kult um sie endet nach etlichen Zeremonien mit einem „großen Fressen". Das brasilianische Nationalgericht *feijoada*, ebenfalls mit einem Ritual zubereitet.

Das Rezept sieht so aus: Schwarze Bohnen ergeben die Grundlage. Dazu kommen Schweinsohren und die Nase der Kuh, Würstchen, gegrillte Rippchen, kleine Koteletts und noch ein halbes Dutzend verschiedene Fleischsorten. Es ist eine sehr üppige Speise und nur mit reichlich *batida* zu genießen. Also fließt der Schnaps in Strömen, und Glückseligkeit verbrüdert wieder alle Religionsgruppen. Denn an der *feijoada* laben sich nicht nur die Götter, sondern jeden Sonntag als typisches Festmahl Millionen von Brasilianern.

Langsam leert sich der Garten des *candomblé*-Tempels. José unterhält sich noch einzeln mit ein paar Leuten, die ihn nun privat um Rat und Beistand ersuchen. Auch dafür wird diesem Sektenpriester reichlich Geld zugesteckt.

Natürlich werde auch ich zur Kasse gebeten. Als ich José nur etwa zehn Mark in Cruzeiros reiche, macht er ein böses Gesicht.

„Ich komme morgen wieder", rede ich mich mit einer Lüge heraus.

So recht scheint es José nicht zu glauben, und er warnt mich: „Die Götter sind überall" – wie wahr.

Die Kampfspielschule des Meister Bimba

Es ist kurz vor Mitternacht. Die Kneipen um Porto da Barra sind gerammelt voll. Es ist die Künstlermeile mit Restaurants und Cafés und einem mediterranen Flair. Aber mich zieht es wieder hinauf zum Pelourinho in die *Ibiza Bar* mit den poppigen Wandmalereien. Louis Armstrong pustet in seine Trompete, und Mick Jagger ist als König auf ein Schachbrett gemalt.

Doch irrtümlich biegen wir eine Straße zu früh ein, und ich bleibe überrascht stehen. *Associacão de capoeira de Mestre Bimba* lese ich. Wir stehen vor der berühmtesten *capoeira*-Schule von Salvador.

Das Kampfspiel *capoeira* ist eine Erbschaft von afrikanischen Sklaven. Sie hatten nur ihre Hände und Beine, die sie als Waffen einsetzen konnten, also entwickelten sie damit eine Art der Selbstverteidigung, eine Mischung aus fernöstlichem Judo, Karate und afrikanischen Ritualen. Sie erfordert außergewöhnliche Konzentration und Körperbeherrschung und hat sich als tänzerischer Sport überliefert. Bei Touristenshows und bahianischen Folklorefesten wird er vorgeführt.

Die *capoeira*-Schule des alten Meisters Bimba befindet sich in der Rua São Francisco, mitten in jenem Straßengewirr des halbverfallenen Viertels um den historischen Pelourinho-Platz. Das Haus ist im Gegensatz zu den anderen Blöcken in weit besserem Zustand.

Die Tür ist offen, aber als ich eintreten will, springt gleich dahinter ein Portier auf.

„Ich interessiere mich für die *capoeira*", erkläre ich ihm, und der farbige Junge holt gleich eine zuständige Person. Sie erscheint oben am Treppengeländer, barfuß in einer Art Judoanzug. Sie ist blond. Das gleiche Mädchen, das ich schon einmal hier über den Pelourinho-Platz eilen sah. Jetzt gibt es keinen Zweifel mehr: Es ist Birgitta aus Stockholm! Auch sie erkennt mich, aber sie ist ein völlig anderes Wesen geworden als damals an Silvester in Rio.

Ihre Gesichtszüge sind etwas derb geworden, und sie erzählt mir, was sie hier tut: „Ich bin mit meinen Eltern nach Bahia gekommen, und als ich die *capoeira*-Tänzer sah, beschloß ich, diese Folklore-Kultur zu studieren."

Jetzt ist sie die einzige Frau in dieser Schule, noch dazu eine Weiße unter gut dreißig schwarzen Männern. Ich bin gerade im rechten Zeitpunkt gekommen; alle sind zum Training anwesend.

Das obere Zimmer ist zu einem kleinen Turnsaal mit Spiegeln und einer Ballettstange umgewandelt worden. Almiro führt den Unterricht, er ist der Leiter dieser Truppe. Nachdem sie sich mit Lockerungsübungen entspannt haben, üben sich die Männer im Handstand und treten schließlich zum Zweikampf an. Wie beim Schattenboxen gehen Fußtritte nur haarscharf am Kopf vorbei, Sprünge gegen die Brust lösen sich in akrobatisches Radschlagen auf. Den Rhythmus diktiert das *barimbau*, bei dem der Kupferdraht mit einem Holzstäbchen geschlagen wird.

Birgitta, die Haare nach hinten verknotet, wird gleich wie ein Mann behandelt. Sie macht alle Übungen mit und steht dabei auch ihren Mann. Das Training endet gegen zwei Uhr nachts. Wir unterhalten uns noch alle zusammen eine Weile. Sie sind sehr freundlich und sind mit meinem Terminvorschlag einverstanden:

Caporeia, ein Ritual-Tanz, von den Sklaven aus Afrika überliefert

Morgen früh um neun Uhr mache ich Fotos auf dem Hauptplatz von Pelourinho.

Almiro und Birgitta laden uns auch zur Übernachtung ein. Wir schlafen also auf einer Matratze am Boden der *capoeira*-Schule. Durch die offenen Fenster dringen die Geräusche der Straße herein: Zwei Betrunkene prügeln sich, eine Straßenhure flucht böse, und ein Mann singt zur Gitarre: „Wenn du deinen Mann lieb hast, warum kommst du dann in meine Nähe...", ein altes Seemannslied, das man auch heute noch oft hört. Es gilt im übertragenen Sinne auch für Bahia. Wenn man schon eine Stadt liebt, soll man nicht nach Bahia kommen, die Gefahr, sich in Salvador unsterblich zu verlieben, ist zu groß.

Everaldina hat mir ein Geheimnis anvertraut: Sie wird, wenn ich wegfahre, zu einem *macumba*-Priester gehen, damit ich wiederkomme. „Ich habe eins von deinen Hemden genommen und mit meinem Blut beträufelt", flüstert sie mir ins Ohr.

Reisetips

Landeskunde

Brasilien ist mit rund 8,5 Millionen Quadratkilometer das fünftgrößte Land der Erde. In diese riesige Fläche paßt die Bundesrepublik mehr als dreißigmal. Die Atlantikküste hat eine Gesamtlänge von 7400 Kilometer. Das zentrale Tafelland ist ziemlich gleichmäßig mit Bergen durchsetzt, im Süden und vor allem westlich ins Inland hinein wird es zunehmend flach. Im Grenzgebiet zu Paraguay liegt der Pantanal, ein Sumpfgebiet mit den umfangreichsten Naturreservaten der Erde. Das Amazonasbecken wird von Regenwald beherrscht. Der Nordosten ist überwiegend flach, erst ganz am Nordende befindet sich das wenig erforschte Bergland von Guayna mit dem höchsten Berg Brasiliens: Pico da Neblina, Nebelspitze, etwas über 3000 Meter hoch.

Neben dem Amazonas sind der Rio Sao Francisco und der Rio Parana die zwei mächtigsten Ströme. Zugleich sind sie auch wichtige Wasserstraßen.

Brasilien ist ungleich besiedelt. Die Ballungszentren liegen an der Küstenregion zwischen Osten und Südosten. Die größten Städte sind: Sao Paulo (mit den städtischen Randgebieten 14 Millionen Einwohner), Rio de Janeiro (9,5 Mill.), Belo Horizonte (2,5 Mill.), Fortaleza (1,6 Mill.), Curitiba (1,4 Mill.) und Brasilia (1,2 Mill.) – geschätzte Zahlen von 1985. Die Bevölkerung wächst um 2,5 % jährlich und wird insgesamt auf 135 Millionen geschätzt.

Nähere Informationen über Landeskunde, Sozialdaten und Industriestruktur können über das Institut für Brasilienkunde, Sundenstraße 15, 4532 Mettingen, angefordert werden.

Geschichte

Von dem portugiesischen Seefahrer Pedro Alvarez Cabral im Jahre 1500 entdeckt, bekommt Brasilien seinen Namen nach der roten Holzart Pau Brasil. Doch erst als die Franzosen daraus einen Farbstoff herstellen können, wird der Rohstoff gefragt, und Brasilien steigt als Kolonie an Bedeutung. Zuvor segeln gut dreißig Jahre lang Spanier und Portugiesen ziemlich friedlich umher, weil sie sich die Gebiete Lateinamerikas durch den Vertrag von Tordesillas (1494) teilten – durch eine von Norden nach Süden verlaufende Längengrad-Linie. Dabei ziehen die Portugiesen mit der Zuteilung der östlichen Regionen die schlechteren Karten.

Während die Spanier auf eine 4000 Jahre alte, hochentwickelte Inka-Zivilisation stoßen, quälen sich die Portugiesen durch ein unwirtliches Land. Die Spanier rauben die Schätze der Inkas, plündern Kirchen und kehren vollbeladen mit Gold zurück. Die Portugiesen müssen erst den Urwald roden und mühsam mit der Kolonisation beginnen. Von Gold, Silber und Edelsteinen ist zunächst nichts zu sehen. Die ersten *capitanias* – Kolonialverwaltungen – beschäftigen sich mit dem Anbau von Zuckerrohr, Baumwolle und Tabak.

Doch schon bald beschert die eingeführte Zuckerwirtschaft einen einzigartigen Reichtum. Brasilien wird nochmals zum heißumkämpften Land. Die Franzosen brechen ein, um sich die Farbholz-Reserven zu sichern. Im Jahre 1555 erobern sie die Guanabara-Bucht. Die französische Fahne weht aber nur kurz über den Hügeln, wo heute Rio liegt.

Im Norden kämpfen die Portugiesen, Spaniens Verbündete, gegen die eindringenden Holländer. Die Niederlande, durch den europäischen Dreißigjährigen Krieg Gegner von Spanien und daher auch Portugal, besetzen Teile von Brasilien und führen sie zur wirtschaftlichen Blüte.

Die Portugiesen allerdings befinden sich in der besseren Lage. Bereits am Handel mit afrikanischen Sklaven maßgeblich beteiligt, können sie schneller die notwendigen Arbeitskräfte zum Anbau von Baumwolle, Maniok und Tabak mobilisieren. Die portugiesische Herrschaft wächst und gewinnt an Macht. Die Holländer können sich in Brasilien nicht mehr halten und setzen sich weiter in der Karibik fest.

Anfang des 18. Jahrhunderts bricht der Gold- und Diamantenrausch aus. Jetzt zieht es Menschenmassen nach Brasilien, bis das Mutterland sogar strenge Auswanderungsgesetze einführen muß. Das brasilianische Gold fördert aber paradoxerweise nicht die wirtschaftliche Entwicklung Portugals, sondern behindert sie. Jetzt arbeitet man nicht mehr, sondern kauft ein. Die Edelmetalle fließen nach England, das alle möglichen Fertigprodukte liefert. Eine ähnliche Situation, wie sie der Ölreichtum im 20. Jahrhundert den Arabern beschert.

Die Parallelen sind geradezu fatal: Am Schluß haben Portugal und auch Spanien weder Edelmetalle noch Industrie und werden von England abhängig.

Die weitere Entwicklung beschleunigt Napoleon, der Spanien und

Portugal besetzt. Da flüchtet 1807 der portugiesische König Joao VI. nach Brasilien und gründet mit dem Mutterland ein vereinigtes Königreich, das 1822 die Unabhängigkeit gewinnt. Aus den Grenzkriegen mit Argentinien und Paraguay geht Brasilien als Sieger hervor. 1888 wird die Sklaverei abgeschafft und Brasilien als eine Republik der vereinigten brasilianischen Staaten ausgerufen.

In den Ersten Weltkrieg tritt Brasilien an der Seite der Alliierten ein. Als Folge bricht der Außenhandel zusammen, beschleunigt durch den rückläufigen Kaffee-Export. Denn bisher machte die Kaffeebohne 40 % der Gesamtproduktion und 60 % des Handels aus. Wirtschaftlich geschwächt, wackelt auch die Demokratie. Mit einem Militärputsch wird sie 1930 abgelöst. An die Spitze tritt Getulio Vargas, der 1937 auch die Verfassung ändert und sich als Bewunderer von Mussolini zum Diktator erklärt. Gleichzeitig findet eine Industrierevolution statt.

Es ist paradoxerweise wieder das Militär, das 1945 den Diktator Vargas zum Rücktritt zwingt, weniger aus politischen, vielmehr aus wirtschaftlichen Gründen. Doch Vargas ist beim Volk derart beliebt, daß er 1951 die Wahlen mit einer absoluten Mehrheit gewinnt. Diesmal versucht er nicht nur die Industrie zu sanieren, sondern auch der neuen Demokratie eine solide Grundlage zu verschaffen. Er leitet eine großangelegte Untersuchung gegen Korruption ein. Als sich herausstellt, daß sogar seine Frau und die engsten Familienmitglieder in eine dieser Affären verwickelt sind, nimmt er sich 1954 aus Enttäuschung das Leben.

Die Regierungsperiode von Juscelino Kubitschek von 1954 bis 1961 wird zu Jahren des brasilianischen Wirtschaftswunders. Die Autoindustrie wird ausgebaut, die neue Hauptstadt Brasilia gegründet, man produziert vom Plattenspieler bis zum Parfüm alle Konsumgüter. Am Ende steht eine schwere Inflation, die Militärs putschen und bleiben 21 Jahre an der Macht.

Im Januar 1985 siegt, wie erwartet, der demokratische Kandidat Tancredo Neves bei der Wahl, schon seit 1964 demokratisches Kabinettsmitglied. Am Vorabend seiner Amtseinführung erkrankt er schwer und wird unter rätselhaften Umständen in fünf Wochen siebenmal operiert. Das Volk nimmt regen Anteil an seinem Schicksal. Bald heißt es zur Begrüßung nicht „Guten Tag", sondern „Tancredo geht es immer noch nicht besser". Am 21. April trifft die Nachricht von seinem Ableben ein. Es folgen dramatische Stunden der Verzweiflung. Die ganze Nation trauert.

Der Vizepräsident José Sarney wird als neuer Präsident vereidigt. Der

Journalist und Schriftsteller schlittert in diese Rolle per Zufall, denn er hat bisher dieses Amt politisch nicht angestrebt. Weder die politische noch die wirtschaftliche Lage ist stabil. Aber Sarney ist insofern in günstiger Position, als keine besonderen Erwartungen an ihn gestellt werden. Tancredo dagegen wird weiterhin als Volksheld und Erlöser verehrt.

Beste Reisezeit
Zwischen Dezember und März hat Brasilien Hochsaison mit Temperaturen von 32 bis 38° C. Allein Rio hat in diesen vier Monaten mehr als eine Million Touristen, vor allem aus den USA. Dementsprechend verteuern sich die Preise. Oftmals wird es schwierig, in dieser Zeit Inlandsflüge zu buchen oder Platz in den Hotels zu finden. Zwischen April und November ist die beste Reisezeit für alle, die dem Rummel aus dem Weg gehen wollen. In Recife und im Norden – bedingt durch die Nähe zum Äquator – sind die Temperaturen in dieser Zeit durchaus angenehm. Es regnet ab und zu, aber das wird als angenehm empfunden. In dieser Zeit ist das Reisen bis zu 20 % preiswerter.

Weitere „Stoßzeiten": Von Weihnachten bis Heilige Drei Könige rollt die Reiselawine von Süden (Sao Paulo) gen Norden: Salvador, Recife, Fortaleza.

Während des Karnevals „spinnt" sogar der Computer. Reisebüros blockieren für ihre eigenen Interessen die Flugplätze mit Phantomnamen, es werden auch keine Reservierungen mehr angenommen. Also einfach zum Flughafen gehen! Mit der „Warteliste" kommt man meistens mit. Man sollte wirklich bis zur letzten Sekunde warten, die Abflugzeiten werden sowieso nicht ganz pünktlich eingehalten.

An Ostern geht die zweite Reisewelle wieder von Süden gen Norden übers Land.

Zum Start der Formel-I-Saison „Grand Prix" von Rio (März oder April) verwandelt sich Rio zum „Raubpflaster". Jeder möchte noch vor der langen Durststrecke (April bis November) das große Geschäft machen. Die Preise werden noch gepfefferter als beim Karneval. Ab Mitte April ist man aber als Tourist in Brasilien König.

Im August bringt der brasilianische Winter viel Regen. Über Rio wälzen sich dicke Wolkenschwaden, und dichter Nebel dringt bis in die Knochen. Sinkt mal die Temperatur auf 18° C, was bei uns noch durchaus sommerlich wirkt, empfindet man das in Rio als kalt. Die Einheimischen stopfen sich dann Zeitungen unters Hemd, und die Kellner gehen ungern nach Hause. Sie schlafen lieber auf den Polsterbänken der Restaurants als in ihren fensterlosen Favelas. In Sao Paulo holt man den Pelzmantel aus dem Schrank, und in der Region Catarina registriert man Graupeln.

Im Norden strahlt die Sonne das ganze Jahr über: Fortaleza gilt als die brasilianische Riviera. Dort, im ewigen Sommer, haben die Reichen ihre heißen Wintersitze.

Sicherheit

Die Kriminalität in Brasilien beschränkt sich vorwiegend auf Großstädte. Bei Touristen kommt es sehr auf ihre eigene Verhaltensweise an, ob sie zum Opfer eines Überfalls werden.

Grundsätzlich gilt: Keinen Schmuck und keine Uhren tragen. Die Brasilianer selbst legen meist ihre Wertsachen nur in geschlossenen Räumen (Hotel, Restaurant, Discothek) an und tragen sie nicht auf der Straße. An den Stränden von Rio soll man außer Badehose, Handtuch und Schlappen nichts bei sich haben.

Wieweit die eigene Sicherheit gefährdet werden kann, hängt von den jeweiligen Regionen ab: An der Nordküste zwischen Fortaleza und Sao Luis stehen in den Dörfern die Häuser offen, Schlüssel sind ein unbekannter Begriff. Man kann zwischen den Palmen in einer Hängematte im Freien ruhig schlafen. Dagegen nachts in Rio am Strand von Copacabana und Ipanema herumzustreifen kann lebensgefährlich sein.

Zur Orientierung eine Landkarte der Kriminalität:
Copacabana und Ipanema tagsüber am Ozean-Boulevard – kaum gefährlich
Rio Innenstadt – Vorsicht geboten
Rio Außenbezirk – tunlichst meiden
Sao Paulo Innenstadt – unbedenklich
Sao Paulo Randbezirk – lebensgefährlich
Mato Grosso (Naturreservat Pantanal) – Straßenräuberei
Amazonas – nicht allzu neugierig sein, ständig auf seinen wachen Instinkt hören
Salvador – die kritische Lage ändert sich von einer Straßenecke zur anderen. Auf der Hut sein!
Belém Hafen – viele Taschendiebe
Belém Urwald – friedlich
Recife Innenstadt – gelegentlich Straßenüberfälle
Recife außerhalb – es herrscht Frieden im Lande Pernambuco

Der Dollar, Brasiliens zweite Landeswährung
Es gibt den offiziellen Dollar-Kurs „Dollar" und daneben den halboffiziellen Kurs „Dollar Paralelo". Beide Kurse stehen täglich in den Zeitungen, die Differenz kann bis zu 30 % sein – zum eigenen Vorteil.

Mit Kreditkarten zu zahlen ist sehr ungünstig. Die Cruzeiro-Beträge* werden nach offiziellem Kurs verrechnet und mit Währungsausgleich (wegen der hohen Inflationsrate) belastet. Für Reiseschecks erhält man ebenfalls weniger als für Bargeld. Am besten nimmt man Dollars im Wert von 100er-Scheinen mit. Aber nicht unbedingt den „schwarzen Wechslern" auf der Straße vertrauen. Eine der zuverlässigsten Wechselstuben ist das Touristikbüro „PM-Turismo e Cambio" –
in Rio: Avenida N.S. Copacabana 3918 und Avenida da Rio Branco 124a;
in Sao Paulo: Avenida Sao Luiz 51.

In Recife kann man durchaus am Flughafen mit den Wechslern verhandeln, die einen ansprechen. Außerhalb der Großstädte wird es allerdings schwierig, Dollars loszuwerden – also sich immer rechtzeitig mit einer ausreichenden Menge von Cruzeiros eindecken.

Und rechtzeitig vor dem Karneval wechseln! Nach den fünf närrischen Tagen passiert es wiederholt, daß kein Bargeld mehr vorhanden ist, denn die Drucker haben nicht gearbeitet. Das Resultat: Vor Banken und Wechselstuben wachsen die Schlangen, und schlagartig werden auch die Dollars und D-Mark wertlos. Es fehlen Cruzeiros, die man jedesmal frisch gedruckt und fast noch feucht von der Farbe bekommt.

Verkehrsmittel

Airpaß – Flüge im Inland
Der Schlüssel zur Erkundung Brasiliens heißt „Airpaß". Damit lassen sich rund zwanzig Ziele anfliegen. Das Ticket muß in Deutschland gekauft werden.

Der „kleine Airpaß" kostet ca. 250 Dollar, enthält fünf Flugabschnitte und gilt zwei Wochen nach dem ersten Transbrasil-Flug. Der „große Airpaß" für 330 Dollar bietet neun Strecken und gilt drei Wochen.

Die erste Strecke kann aus Deutschland gebucht werden, alle weiteren nur in Brasilien. Und es darf keine Strecke zweimal geflogen werden.

Einige Flugkilometer ab Rio de Janeiro:

Manaus – 3100 km	Recife – 2100 km	Porto Alegre – 1200 km
Salvador – 1300 km	Sao Paulo – 400 km	Brasilia – 1000 km

*siehe Währungsreform, S. 221

Bei VARIG, Brasiliens halbstaatlicher Fluggesellschaft, gibt es für Nachtflüge einen *tarifa nocturno* mit 30 % Rabatt vom normalen Tarif. Mit dem nächtlichen Bummelflug, genannt „Pinga-Pinga" – Tröpfchen-Tröpfchen –, weil die Maschine in jeder Stadt zwischenlandet, lassen sich Hotelkosten sparen: Von Belém nach Rio fliegt man geschlagene acht Stunden, von Manaus gar zehn Stunden.

Busse in Rio

Das ist ein Abenteuer! In jeder Hinsicht. Schon allein die Fahrweise sorgt für Nervenkitzel. Die Busfahrer, zehn bis zwölf Stunden am Steuer, kurven waghalsig durch das Verkehrschaos von Rio. Schon durch ihre hohe Sitzposition fühlen sie sich als Kapitäne der Straße und hängen manchmal sogar ihre Taxi-Rivalen ab.

Da jagen sie also durch die verstopften Avenidas und drücken auf die Tube, was die Kiste hergibt. Die Busmotoren dröhnen wie Formel-I-Turbos. Fast glaubt man, die Busse von Rio wären frisiert, wenn sie mit gut 80 bis 90 Sachen in die Kurve schießen und in einen Neigungswinkel von gut 30 Grad kippen.

Während des Karnevals legen die Busfahrer noch einen Zacken drauf und verwandeln sich in totale Tiefflieger. Erstaunlicherweise passieren selten Unfälle. Die Fahrer von Rio scheinen den siebten Sinn hoch entwickelt zu haben, so ungefähr wie Fledermäuse bei Nacht.

Der Arbeitsplatz der Busfahrer ist die Hölle: bis zu 70° C herrschen im Fußbereich, 40° C in der Kabine. Manche fahren da schon in Trance. Aufpassen müssen die Fußgänger.

Einmal sah ich, wie so ein Bus eine alte Frau anfuhr und weiterraste, ohne zu halten. Dies hat mit einem veralteten Verkehrsgesetz zu tun. Die Polizei darf den Autofahrer am Unfallort sofort festnehmen, weil er in flagranti außerhalb seines Wohnsitzes gefaßt wurde. Begeht jedoch der Fahrer Unfallflucht und wird erst zu Hause angetroffen, hat er nachweislich einen festen Wohnsitz und darf nicht verhaftet werden, solange seine Schuldfrage nicht geklärt ist. Deshalb bleiben Unfallautos, meist von den Fahrern zurückgelassen, stehen, es sei denn, der Fahrer ist selbst verletzt. Gibt es Tote, so werden sie pietätlos zur Seite geschafft, mit einem weißen Tuch zugedeckt, neben dem Kopf eine Kerze angezündet. Oft bleiben die Toten stundenlang so liegen, bis der Leichentransport kommt. Tote haben es eben nicht mehr eilig, scheint dabei die brasilianische Logik zu sein.

Eine Busfahrt kostet umgerechnet Pfennige. Trotzdem sollte man nicht an falscher Seite sparen. Die Linien im Norden der Stadt sind tunlichst zu meiden. Es gehört zu den Gesetzen des Dschungels, daß die Armen schneller gefressen werden als die Reichen. Busüberfälle sind in den Favelas häufiger als an der Copacabana.

Überland-Expreß-Busse
Wer das Land hautnah erleben will, sollte Autobusse benutzen. Auf langen Strecken verkehren luxuriöse Karossen, vollklimatisiert, mit Toilette an Bord und sogar mit Liegesitzen: *Leito* heißen sie und erfordern vorherige Reservierung.

Man benötigt bei solchen Reisen allerdings sehr viel Zeit. Hier einige Entfernungen in Stunden (mit Preisen) von Rio de Janeiro:
Sao Paulo – 6 ½ Stunden (20 Mark)
Salvador – 30 Stunden (120 Mark)
Belo Horizonte – 8 Stunden (30 Mark)
Recife – 44 Stunden (140) Mark)
Manaus – 100 Stunden (240 Mark)

Auch in weiteren Regionen ergeben sich ähnlich lange Fahrzeiten:
Recife–Belém – 24 Stunden (70 Mark)
Curitiba–Foz do Iguaçu – 11 Stunden (30 Mark)
Brasilia – Belo Horizonte – 10 Stunden (28 Mark)

Die Raststätten – Pausen werden alle drei bis vier Stunden eingelegt – bieten ausreichende und preiswerte Verpflegung: Fleisch vom Grill, Obst, Kaffee, Kuchen; auf Reiseproviant von zu Hause kann man also ruhig verzichten.

Züge
Das Eisenbahnnetz in Brasilien ist sehr lückenhaft, und die Züge fahren langsamer als die Busse. In Rio liegt der Hauptbahnhof an der Avenida Presidente Vargas.

Eine empfehlenswerte Strecke ist Rio–Sao Paulo (7 Stunden, 1. Klasse 30 Mark). Einen Hauch von Kolonialkomfort bringt die Nachtfahrt im Schlafwagen (circa 50 Mark).

Zu den Traumstrecken Lateinamerikas gehört die Zugfahrt von Paraguay nach Curitiba (Bundesland Paraná). In einem Naturreservat winden sich die Gleise an den Berghängen, „luftig" angelegt, empor. Man hat das Gefühl zu schweben, weil die Böschungen aus dem Fenster nicht sichtbar sind. Auch die Brücken haben kein Geländer.

Gesundheitswesen

Impfung

Es sind keine besonderen Impfungen erforderlich. Für Amazonas und Pantanal sind aber Gelbfieberimpfungen und ebenso Tabletten gegen Malaria zu empfehlen.

Ärztliche Versorgung

ist in Brasilien nicht unproblematisch. Die Krankenhäuser sind überfüllt, zudem es auch Verständigungsprobleme gibt. Nicht einmal die Ärzte beherrschen in der Regel eine Fremdsprache.

Ein Tip: sich bei Lufthansa oder Swissair nach deren Vertrauensarzt erkundigen. In Rio ist es Dr. Karl Wengenmeyer, Avenida N.S. Copacabana 1018/Sala 602 (6. Stock Zimmer 602) Telefon 5 21 37 23.

In Rio sind Geschlechtskrankheiten weniger häufig, da es dort bessere Aufklärung als in den übrigen Städten gibt. In Salvador ist Vorsicht anzuraten. Bei Gonorrhöe wirkt „Trobicin" sehr schnell. Es wird gegen Rezeptvorlage gleich in der Apotheke gespritzt. Mit einem freundlichen Lächeln, weil man auch sonst gewohnt ist, über medizinische Probleme sehr offen zu reden.

Essen und Trinken

In den Hauptstädten ist keine besondere Vorsicht notwendig. Selbst die Straßenrestaurants entsprechen den deutschen Sauberkeitsnormen. Allerdings, Leitungswasser sollte man nicht trinken, vor allem nicht in Urwaldgebieten und in Amazonas. Mineralwasser ist überall in Plastikflaschen erhältlich.

Magenverstimmungen können jedoch wegen der scharfen Gewürze der brasilianischen Küche eintreten. Salat wird pur serviert, Öl und Essig extra, damit jeder nach seiner Magenverträglichkeit selbst dosieren kann.

Die Verpflegung ist selbst in entlegenen Ortschaften ausreichend, so daß man keinen Proviant mitschleppen muß. An einsamen Stränden trifft man oft Familien, die aus ihren Picknick-Körben auch Mahlzeiten verkaufen. Meist nur für paar Mark und oft köstlich, z. B. gegrillte Fische und Kokosmehlspeisen. Außerdem surrt fast überall, auch in der verfallensten Hütte, ein Kühlschrank, und die Einheimischen verkaufen gern eine Flasche Coca Cola oder Bier mit geringem Aufschlag zu den Supermarktpreisen.

Die Schnellimbisse der *Rodovaria* (Busbahnhof) haben Fruchtstände mit frisch gepreßten Säften und großem Obstsortiment. Man reist also wie Gott in Brasilien.

Visum

Bundesbürger benötigen zur Einreise nur einen gültigen Reisepaß. Der Touristenaufenthalt ist nur auf 3 Monate beschränkt. Verlängerungen um weitere 90 Tage stellt die örtliche Bundespolizei *(Policia Federal)* nach einem entsprechenden Antrag aus.

Anreise mit dem Flugzeug

Das günstigste Angebot liegt zur Zeit bei 1599 DM für zwei Wochen ab Düsseldorf/München nach Recife:
MEDICO Flugreisen
Kongreßhaus
7570 Baden-Baden
Telefon 0 72 21/3 30 69

MEDICO Flugreisen sind Deutschlands erfahrenste Brasilien-Spezialisten mit günstigen Angeboten für Pauschal-Rundreisen. Zwei Wochen Recife ab 1550 DM, Salvador 1750 DM, Rio 1950 DM, mit anschließender Rundreise nach Peru 2600 DM.

Der Preis für Linienflüge nach Rio steht bei circa 5000 DM. Die brasilianische VARIG bietet ab Frankfurt nach Rio einen APEX-Tarif bei 14 Tagen mit fester Buchung für 2500 DM. Die Tochtergesellschaft Rotatour fliegt einmal in der Woche von Frankfurt nach Salvador ab 2000 DM: VARIG Airlines
Am Hauptbahnhof 16
6000 Frankfurt/M.
Telefon 0 69/27 10 20
Telefon Rotatour 0 69/23 91 38

Ausflug von Rio

Paquetá – die Insel ohne Autos. Vom Passagierhafen Praca XV „fliegen" Luftkissenboote über die Guanabara-Bucht. Circa 20 Minuten dauert die Überfahrt an den Ozeanschiffen vorbei, die Niteroi-Brücke schwebt 14 Kilometer lang in Himmelsregionen, und zum Greifen nah setzen die Propellermaschinen nur paar Meter über der Wasseroberfläche zur Landung auf dem Aeroporto Santos Dumont zur Ladung an.

Auf der Insel Paquetá herrscht träge Ruhe. Der König Joao VI. baute sich hier ein Sommerhaus, durch die verschlafenen Straßen tuckern

Pferdewagen. Die Strände säumen skurrile runde Felsformationen, wie von Asterix und Obelisk herangerollt. Die Bäume wachsen bis hinunter ans Wasser. Ein Mini-Zug auf Gummirädern umrundet diese Märcheninsel in einer guten Stunde, zu Fuß ist sie in einem halben Tagesmarsch zu bewältigen. Am Wochenende sollte man tunlichst diesen Ausflugsort wegen Überfüllung meiden.

Wieder zurück in Rio, sollte man am Hafen in das Ristorante Albamar einkehren mit seinem Holzturm im Jugendstil des Jahres 1933, der früher den Marktplatz vor dem Hafen beherrschte. Das Nostalgie-Gefühl beginnt schon mit der Aufzugfahrt: Es muß die engste Liftkabine von Rio sein, die mit klapprigem Messinggitter keuchend den ersten Stock erklimmt.

Von dort überblickt man die Guanabara-Bucht mit ihrem hektischen Luft-Wasser-Erde-Verkehr: Auf den großen Fährschiffen drängeln sich Abertausende von Menschen, die nach Feierabend die Innenstadt verlassen. Fast über den weißgedeckten Tischen landen krachend Flugzeuge.

Spezialität sind Fischgerichte: *Zarzuela de mariscos, caldeirada* und *frutos do mar ensopados* – allesamt köstlich gewürzte Fischsuppen. Zu den urigen Gerichten gehören Riesenscampis in der Bratpfanne, mit reichlich Knoblauch zubereitet. Als Vorspeise nimmt man scharfe Radieschen *(rabanete)* mit Weißbrot und Salzbutter. Dazu schmeckt frisches „Kaiser"-Bier köstlich. Die Rechnung für zwei Personen hält sich unter 50 Mark.

Belém und Umgebung
Urwaldstadt mit viel Atmosphäre. Eigentlich findet man hier, in diesem Hafen am linken Mündungsufer des Amazonas, das, was man an Lokalkolorit vom sagenumwobenen Manaus erwartet: farbenprächtige Kolonialbauten der Belle Epoque, verträumte Bootsstege und wilde Kneipen. Der malerische Markt heißt bezeichnend: *„Ver-O-Peso"* – paß aufs Gewicht auf. Für Souvenirjäger eine Fundgrube: präparierte Boa-Boa-Köpfe, ausgestopfte Krokodile, getrocknete Schlangenhäute und Jaguarfelle. Sehr nützlich ist der Kauf einer Hängematte auch für Übernachtungen auf den Flußfähren zur:
– Insel Marajol mitten im Mündungsdelta oder zur
– Insel Mosqueiroa mit sauberen Flußsträndern.

Da spannt man die Hängematten zwischen den Palmen auf und lauscht den Urwaldgeräuschen. Selbstgefangene Fische brät man am Lagerfeuer, und Tropenfrüchte kann man selbst vom Baum pflücken – ein toller

Robinson-Urlaub für zwei Tage.

Als Hotel der Luxusklasse ist das „Hilton International Belém" zu empfehlen. Billige, relativ gepflegte Hotelzimmer findet man den Fluß entlang im „Transbrasil" oder „Transamazonica".

Die örtlichen Spezialitäten sind in Schalen geröstete Krabben oder *tacaca*, eine Pfeffersuppe mit getrockneten Shrimps.

Das nächste Ziel: per Bus ins 830 km entfernte Sao Luis. Den Bus in der Hauptsaison mindestens einen Tag vor der Reise reservieren! Sao Luis, eine alte Kolonialstadt der Franzosen, mit pittoreskem Rathaus, im Krisenmonat Januar 1985 halb ausgebrannt. Das Feuer legten die städtischen Beamten aus Protest selbst. Die neugewählte, rigorose Bürgermeisterin Gardenia Goncalves hat im Bundesstaat Maranhao von insgesamt 50 000 Beamten rund 21 000 von einem Tag zum anderen entlassen.

Die Umgebung von Sao Luis verzaubert durch weitläufige Sandbuchten, schneeweiß und von bizarren Bäumen gesäumt. Die kleinen Fischerdörfer und Orte gehören zu einer stehengebliebenen Zeit. Es gibt nur wenige Hotels, man findet aber bei Einheimischen gute Übernachtungsmöglichkeiten. Eine schöne Anlage ist das Bungalow-Hotel „Sao Luis Quatro Rodas", acht Kilometer außerhalb der Stadt.

Der kleine Flughafen wird nicht von allen Linien angeflogen. Wer mit dem „Transbrasil"-Airpaß reist, hat den nächsten Anschluß in Teresina bequem in sieben Stunden mit dem Bus erreicht.

Fortaleza – Natal
Wieder einmal ein traumhafter Küstenabschnitt. Am besten mietet man einen offenen Buggy (circa 100 Mark am Tag) und jagt Hunderte von Kilometern am Meer entlang. Man kurvt wie bei einem supertollen Werbefilm in die seichten Wellen hinein. Von den Rädern spritzen hohe Wasserfontänen, mit Vollgas überquert man die kleinen Wasserbäche, bei den breiteren Flüssen warten Ponton-Fähren, um die Autos überzusetzen. Meistens sind es nur zwei Bretter, auf zwei Kanus befestigt. Darauf bugsiert man vorsichtig auf Zentimeter genau das Auto. Es ist eine der schönsten Autofahrten, die man in Brasilien erleben kann.

Etwa zwanzig Kilometer nördlich vor Natal liegen die höchsten Sanddünen der Welt: Genibapu. Sich von so einer Sandkuppe mit dem Gelände-Jeep abzuhängeln gehört zur kitzelnden Mutprobe. Man steht oben in einem Neigungswinkel von 70 Grad und noch mehr, fast senkrecht über dem Abgrund. Mit feinfühligem Spiel Kupplung –

1. Gang – Handbremse bringt man den Wagen wie einen Schlitten in leichtes Rutschen, und das im Schneckentempo, damit sich der Wagen mit den Vorderrädern nicht in den Sand gräbt und überschlägt.

Hier ein Tip, um den Weg in diese Dünenlandschaft mit Teufelswänden und Rollerpisten zu finden: Es werden Touristenfahrten in Gruppen organisiert. Also auf so einen Konvoi lauern und hinterherfahren. Da bricht erst mal eine Verfolgungsjagd aus, denn die Touristenführer sehen es ungern, wenn hier ein Gringo auf eigene Faust herumkurvt, und versuchen, ihn abzuhängen. Da muß man natürlich all sein fahrtechnisches Geschick aufbieten (und auch Mut), um dranzubleiben. Das unverfälschte Abenteuer einer Sahara-Trophy.

In Natal selbst findet man ebenfalls schöne Strände außerhalb der Stadt und als Sehenswürdigkeit die alte portugiesische Festung „Forte dos Reis Magos": eine von hohen Mauern und Türmen zur Sternform verschanzte Insel, die über eine lange Steinbrücke vom Festland zu erreichen ist.

Buzios

Ein Stück Côte d'Azur zweihundert Kilometer nördlich von Rio, das über gut ausgebaute Straßen in drei Stunden mit dem Bus oder dem Leihwagen zu erreichen ist. Das Gebiet hat „17 goldene Strände", von weitgeöffneten Buchten bis zu versteckten „Badewannen" zwischen verwinkelten Felsklippen. Die üppige grüne Vegetation wuchert wie in einem botanischen Garten, an den Berghängen wachsen Kakteen in „mexikanischen" Formationen.

Buzios gehört zu den „in"-Plätzen der Brasilianer und wird mit St. Tropez verglichen, und trotzdem ist die Atmosphäre eine ganz andere. Man sieht hier weder Schickeria noch protzige Häuser, der Ort mit Kopfsteinpflaster hat seinen Dorfcharakter beibehalten, die Kneipen und kleinen Villenpensionen sind künstlerisch ausgestattet. In der Hafenbucht ankern bunte Barken, und in der Mitte ragt eine Liebesinsel heraus, zu der man bei Sonnenuntergang rüberschwimmen soll, weil eine geheimnisvolle Meeresgöttin um die Zeit hier badet und mit kräftigen Knaben gerne liebkost – eine von den vielen Legenden, die vielleicht Buzios zu seinem Ruhm mitverholfen haben.

Die schönste Terrasse mit kleinem Planschbecken hat die „Pousada Byblos". Die Wirtin Erica, eine Schweizerin, hat jedes Zimmer in einem anderen Stil eingerichtet: weiße Bodenfliesen, Rattanbetten und Baldachine. Den Preis von 80 bis 120 Mark für eine Nacht in diesen

Puppenstuben sollte man sich schon mal leisten.

Nützlich ist es, im Ort einen Geländewagen zu mieten, um über Stock und Stein zu den entlegenen Buchten zu gelangen.

Unbedingt probieren sollte man die *batidas* in den luftigen Straßenbars: fruchtige Cocktails aus dicken Säften, Zucker, Kokosmilch und jeweils Zuckerrohrschnaps oder Wodka. Die besten Crêpes Suzettes gibt es bei „Chez Michel", einem französischen Lebenskünstler, der ein Stück Ibiza nach Buzios verfrachtet hat.

Manaus

Das Hotel „Tropical" als Sehenswürdigkeit liegt wie eine Festung etwa 40 Minuten außerhalb von Manaus. Die Anlage am Rio Negro bietet einen großen Swimmingpool, mehrere Terrassen und einen tropischen Park. Der Neo-Kolonialstil erreicht hier protzige Dimensionen, allein die Rezeption ähnelt einem halben Kathedralenschiff. Ein künstlicher Wasserfall plätschert in der Halle, und in einem verglasten Innenhof fliegen Wildenten. Die Zimmer sind mit rustikalen Kolonialmöbeln ausgestattet. Die langen Gänge ähneln denen in einem Kloster. Touristen mit VARIG-Flugticket und Brasil-Airpaß erhalten 30 % Ermäßigung.

An einer Hochstraße oberhalb vom Amazonasfluß findet man einige gemütliche Terrassen-Lokale mit schönem Ausblick: z. B. das „Restaurante Panorama" in der Avenida Beira Rio. Es hat zwei weiße Tischdecken, gleich daneben ist aber eine einheimische Kneipe mit besserem Essen bei schlichterer Einrichtung. Bestellen Sie die Süßwasserfische vom Amazonas: *Tucunare* und *Tambaqui*. Am besten ohne Soße *(sem molho)*, nur gegrillt *(grelhado)*.

Das „Indian Museum" verfügt über einige interessante Objekte der Xingu-Indios und viele vergilbte Fotos.

Nachtleben gibt's in der Discothek „As mile uma noites". Die Go-go-Girls salben sich mit Kokosnußöl ein, damit ihre Körper glänzen und wohl auch verführerisch riechen.

Pantanal

Das größte Naturreservat der Welt im Mato Grosso, nahe der Grenze nach Bolivien und Paraguay, besteht größtenteils aus noch wenig erforschten Gebieten. Jahreszeitlich überschwemmt, sind die besten Monate für einen Besuch März bis Mai und Oktober bis Dezember. Der Ausgangsort heißt Cuiaba. Weiter geht es mit dem Bus oder einer organisierten Touristengruppe zu den Lodges in der Wildnis. Schon auf dem Wege sieht man Hunderte von Alligatoren im Sumpf, dicht an der Straße entlang. Die typischen weißen Vögel mit schwarzem Kopf heißen Tululu. Sie kreisen in Schwärmen zu Tausenden über dem Urwald. Bei den Bootsfahrten kann man Tapire und Wasserkühe sehen. Von den Lodges werden auch Jagden auf Pumas veranstaltet. Ein Wochentrip durch Pantanal kostet circa 500 Dollar.

Auf eigene Faust durch Pantanal zu reisen ist nicht ungefährlich. Es gibt Straßenräuber, die LKWs und Personenwagen überfallen. Unbedingt einen einheimischen Führer mitnehmen und statt Leihwagen ein Taxi mieten. Den Fahrpreis als Pauschale vorher aushandeln. Circa 100 Mark pro Tag. Diese Expedition ist aber nur ausgesprochenen Tierfanatikern zu empfehlen, weil die Landschaft sonst aus monotonem Sumpfgebiet und undurchdringlichem Urwald besteht.

Stand: Januar 1986

Ein Nachtrag – Die Währungsreform

Nach dem heißen Karneval 1986 stieg die Inflation um weitere 20 % im Monat. Damit erreichte die Jahresentwertung des Cruzeiro 250 %. Um diese astronomische Inflationsrate in den Griff zu bekommen, beschloß im März die Regierung von Sarney, eine formale Währungsreform durchzuführen: Die neue Geldeinheit heißt Cruzado und soll im Verhältnis 1000 : 1 gegen den Cruzeiro eingewechselt werden. Die alten 100 000-Scheine sollen mit neuem Stempel im Umlauf bleiben. Neuer Wert: 100 Cruzado. Ob diese Neuerung tatsächlich durchzuführen ist, steht allerdings in den Sternen. Bei den Preisen wurden die Nullen zwar gestrichen, doch sind die alten Geldscheine (ohne Stempel) nach wie vor Zahlungsmittel (Stand April 1986), und die Verwirrung ist groß.

Die Abschaffung der Nullen soll auch vorübergehend die Stabilität sichern. Preise und Löhne wurden eingefroren und die Bevölkerung gleichzeitig aufgerufen, als Kontrolle jeden Verstoß gegen die Preisbindung zu melden. Nach anfänglichen Unruhen ist Brasilien zur Tagesordnung zurückgekehrt. Die Anzeichen sprechen für eine Besserung der schwierigen wirtschaftlichen Lage.

ALLE TITEL DER REIHE
REISEN · MENSCHEN · ABENTEUER

Aubert · Müller Panamericana
Biedermann Im Land der aufgehenden Sonne
Cerny Von Senegal nach Kenia
Colombel Der siegreiche Berg
Crane Kilimandscharo per Rad
Cropp Alaska-Fieber
Cropp Schwarze Trommeln
Cropp Im Herzen des Regenwaldes
Dodwell Im Land der Paradiesvögel
Dodwell Globetrotter-Handbuch
Dodwell Wo China noch unentdeckt ist
Franceschi Vier Männer gegen den Dschungel
Gallei · Hermsdorf Blockhaus-Leben
Harrison Piranhas zum Frühstück
Hermann Von Thailand nach Tahiti
Hermann Heiße Tour Afrika
Höppner Cowboys der Wüste
Jeier Am Ende der Welt
Jenkins Das andere Amerika
Jones Sturzfahrt vom Everest
Keiner Quer durch den roten Kontinent
Kreutzkamp Mit dem Kanu durch Kanada
Kühnel Motorrad-Odyssee
Kühnel Rätselhaftes Indien
Look Auf Tramptour bis Pakistan

Look Wo der Mond auf dem Rücken liegt
Möbius · Ster Dschunke, Jeep und Bambusfloß
Möbius · Ster Inselträume in Indonesien
Pilkington Am Fuß des Himalaja
Ricciardi Auf Sindbads Spuren
Rohrbach Inseln aus Feuer und Meer
Roos Segeln in der Arktis
Stejskal Ich lebte bei den Wayapi-Indianern
Stejskal Malediven – Das Mädchen Robinson
Swale Zu Pferd durch Chile
Tasker Eishölle am Everest
Thoma Gute Tage unter dem Halbmond
Thorer Endstation Dschungel
Tin · Rasmussen Motorradtour Singapur – Australien
Tin · Rasmussen Traumfahrt Südamerika
Troßmann Wüstenfahrer
Veszelits Brasilien, Land der Gegensätze
Walls · Martin Drei Jahre in einem Kampong in Malaysia
Zierl Highway-Melodie

 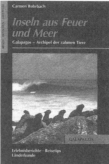 

WEITERE TITEL ZUM THEMA SÜDAMERIA

Hans-J. Aubert, Ulf-E. Müller
Panamericana
Zwei Jahre auf der Traumstraße der Welt
224 Seiten, 85 s/w Fotos, 4 Karten,
Reisetips, DM 15,80
ISBN 3-89405-002-0

Wolf-Ulrich Cropp
Im Herzen des Regenwaldes
Bei den Indianern Ecuadors
224 Seiten, 51 s/w Fotos, 3 Karten,
Reisetips, DM 15,80
ISBN 3-89405-009-8

John Harrison
Piranhas zum Frühstück
Durch den Dschungel Amazoniens mit dem Kanu
320 Seiten, 30 s/w Fotos, 1 Karte,
Reisetips, DM 17,80
ISBN 3-89405-042-X

Carmen Rohrbach
Inseln aus Feuer und Meer
Galapagos – Archipel der zahmen Tiere
224 Seiten, 40 s/w Fotos, 1 Karte,
Reisetips, DM 15,80
ISBN 3-89405-027-6

Elfie Stejskal
Ich lebte bei den Wayapi-Indianern
Im Dschungel Guyanas
320 Seiten, 42 s/w Fotos, 1 Karte,
Reisetips, DM 17,80
ISBN 3-89405-028-4

Hjalte Tin/Nina Rasmussen
Traumfahrt Südamerika
Auf dem Motorrad und mit Kindern von L. A. nach Rio
320 Seiten, 48 s/w Fotos, 3 Karten,
Reisetips, DM 17,80
ISBN 3-89405-033-0

Rosie Swale
Zu Pferd durch Chile
Ein Jahr unterwegs bis zum Kap Horn
288 Seiten, 33 s/w Fotos, 4 Karten,
Reisetips, DM 17,80
ISBN 3-89405-030-6

 REISEN · MENSCHEN · ABENTEUER